APENAS LO QUE SOMOS

CUENTOS SOBRE NOSOTROS

EDUARDO BIEGER VERA

KOLIMA
BOOKS

Título original: *Apenas lo que somos.*
Cuentos sobre nosotros.

Primera edición: Noviembre 2021
© 2021 Editorial Kolima, Madrid
www.editorialkolima.com

Autor: Eduardo Bieger Vera
Dirección editorial: Marta Prieto Asirón
Maquetación de cubierta: Sergio Santos
Maquetación: Carolina Hernández Alarcón
Fotografía: @raulamigo

ISBN: 978-84-18811-43-2

ÍNDICE

PRÓLOGO

Con estas líneas quiero invitaros a entrar en el mundo de lo que somos o, como matiza el autor, en el mundo de apenas lo que somos. Un universo que se nos muestra a través del género del relato breve, con fidelidad a un estilo literario propio que, equilibrando el lenguaje directo y sin prejuicios con un halo poético, el autor ya empleó en su primera novela, *Anatomía de un hombre pez* (Premio Internacional Novelas ejemplares, 2106) y luego continuó en *El emocionario*, obra que precede y a la que da continuidad este libro.

El relato, considerado el hermano pequeño de la literatura, ha sido en ocasiones menospreciado, aunque muchos de los más importantes escritores lo hayan utilizado como medio de expresión. Desde Chéjov, Kafka, Hemingway o Borges hasta nuestro literato más universal, quien por cierto alcanza el momento álgido de su creación en las pequeñas historias que, incluidas de forma maestra en *El Quijote*, acompañan, completan y explican la obra haciendo comprensible lo que no se entendería sin ellas.

Esta infravaloración se da en todas las artes. Con frecuencia se ha confundido la duración, longitud o extensión con la rotundidad o la completitud de una creación artística. Me viene a la memoria al respecto la excelente obra teatral «Arte», evocadora de la calidad o significación de una pintura de arte abstracto, en este caso un lienzo en blanco, y que propone una manera de vernos a nosotros mismos a través de los demás provocando tanto risas como silencios cargados de emociones y empatía, de la misma manera que le sucederá al lector en su viaje a través de las letras que siguen a este prólogo. El debate nos acompañará mientras la creatividad y las opiniones existan, pero sí me parece importante señalar que el arte «es el concepto que engloba todas las actividades realizadas por el ser humano para expresar una visión sensible acerca del mundo, ya sea real o imaginario, mediante recursos plásticos, lingüísticos o sonoros, que permite expresar ideas, emociones, percepciones y sensaciones».

Apenas lo que somos es, como decía Picasso, «una mentira que nos acerca a la verdad»: no una quimera en sí, sino una materialización ficticia de aquello que la verdad y la realidad no pueden contener ni abarcar. La experiencia de lectura que propone el autor, ciertamente viva, intensa y perdurable, nos permite contemplar esa realidad y esa verdad desde ángulos y rincones diferentes a los habituales. La mirada, la perspectiva y la experiencia son los ya recogidos en *El emocionario*. Se nos invita a mirar nuestro mundo y a entrar en contacto con él de manera más vivencial y sentida y, en esta ocasión, por medio de la confrontación con la verdad acerca de nosotros mismos.

Apenas lo que somos es una suerte de espejo (mágico, como corresponde a los cuentos) en el que vemos reflejada nuestra realidad de forma ampliada y profundamente sincera. Aunque en algún momento nos parezca encontrarnos ante el laberinto de los espejos de nuestra infancia, a la postre advertimos que esas imágenes deformadas tienen que ver con la realidad más de lo que nos gustaría reconocer.

El autor, sabiamente, nos reconcilia con esa realidad rechazada, ya que nos la presenta disfrazándola de manera cómica, satírica e incluso irreal y disparatada, para que podamos admitirla y terminemos reconociéndonos en ella. Su propia mochila vital le permite, sin duda, proporcionarnos todas estas experiencias; estamos así ante un autor despierto y con los ojos bien abiertos ante todo lo que la vida le ofrece.

Por eso os invito a disfrutar del recorrido que se nos propone a través del amor y la vida: un tránsito plagado de experiencias que, ya sean sentidas, anheladas, perdidas, fantaseadas o culminadas, llegan hasta los más recónditos lugares y se ponen a nuestro alcance para que podamos vivirlas y nos dejen luego un suave regusto en el paladar. Me parece difícil encontrar mejor guía para este camino...

EDUARDO PANADERO
Psicoterapeuta y observador del mundo

AMOR Y OTROS ACCIDENTES

Érase una vez un joven convencido, porque así lo decían los libros, de que, en el amor, el espíritu se sobreponía a la materia. Como objeto de sus sueños escogió a una joven delgada de mirada lánguida y aspecto vaporoso. Le escribió cartas profundas y ella accedió, sin dificultad, a acudir a una cita en su casa de las afueras. Sentados en un sofá, frente al ventanal del salón, contemplaron las montañas enrojecidas por el atardecer. Él tomó su guitarra y susurró canciones de amor cerrando los ojos para dar la mayor intensidad posible al momento. Cuando se hizo el silencio y miró a su amada, comprobó que estaba dormida y roncaba suavemente.

Roberto Bieger Herrera

EL FINAL DE LA CARTA

Isabel lo había dado todo por la vida. Sin embargo, no había resultado correspondida, como si de la relación con un hijo desagradecido se tratara. A pesar de ello, no sabría decir desde cuándo, saboreaba con deleite el transcurso de los días. Hacía mucho tiempo que la penuria de sufrir y observar el sufrimiento consecuencia de haber vivido una guerra había cesado. Aun así, todavía podía sentir el horror al recordar la presencia constante e indisoluble del miedo, algo que incluso le hizo llegar a creer que todo aquello era mentira y que vivía atrapada dentro de un mal sueño. Ahora, en cambio, disfrutaba de su realidad como algo indiscutiblemente cierto. Sentía, sin haberlo pedido, que le habían dado la oportunidad de restaurar su existencia. Esta se asentaba en un intervalo de quietud cuyo final podría precipitarse en cualquier momento debido a su edad, algo de lo que era consciente.

Isabel había enviudado al poco de comenzar la contienda. Tenía diecinueve años y estaba embarazada de cinco meses cuando dos guardias civiles llamaron a su puerta y le comunicaron la muerte de Antonio en el frente. Le hicieron entrega de su zurrón de cuero cuarteado, en cuyo interior encontró un trozo de jabón, sus quevedos con tan solo un cristal, una navaja de afeitar envuelta en papel encerado y aquella carta a medio escribir que simbolizaba el camino emprendido y no finalizado, los abrazos y los besos que se habían perdido para siempre en algún lugar. Desde la lucidez del dolor, no tuvo otra que aceptar de manera prematura, con una certidumbre autoritaria, que estamos aquí de prestado, hecho que nunca había dejado de tener presente, si bien ahora esa verdad había dejado de ser una amenaza para convertirse en la razón para degustar cada segundo como si de la última gota de agua dulce en medio de la mar se tratara. No tenía miedo a la muerte, ya no le aterraba pensar en el futuro, quizá porque no esperaba grandes cosas de él. Se ilusionaba con cualquier tontería y aprendía con la curiosidad propia de un niño. Isabel se empeñaba en vivir sobre todas las cosas, dentro del mundo conocido y casi perfecto que constituían su barrio, su casa y el inconfundible olor de la misma, junto con la compañía de su gata Lorea, cuya presencia durante el día y su respiración rítmica y pausada, encaramada a su cadera, durante la noche ponían coto a la soledad.

Una vez más, como cada domingo a la hora de comer, venía a verla su hijo Ernesto. De él ya no recordaba su última sonrisa espontánea y le perturbaba su extraña forma de mirar a través de ella, como si no estuviera allí. Lorea respondía con un bufido al siempre brusco intento de acariciarla por parte de este, antes de salir corriendo y esconderse debajo del sofá, refugio que abandonaba cuando escuchaba cómo se cerraba la puerta de la calle, finiquitándose de esta manera la visita. Como cada domingo desde hacía unos meses, la habitualmente breve y en ocasiones inexistente sobremesa se alargaba más de la cuenta. Durante ella, Isabel escuchaba en silencio con gesto paciente y asentía con la cabeza en respuesta a cada afirmación acerca de la venta de su casa —«ahora es el momento, antes de que empiecen a bajar los precios, y te quedarías con un buen remanente en el banco»— y su futura y placentera estancia en la residencia. Tan solo desviaba la mirada levemente para observar el retrato de Antonio, colocado estratégicamente en una balda de la librería a la espalda de Ernesto; conectaba con su rostro regordete, apelotonado en torno a sus gafas, y con aquella sonrisa que no casaba con un uniforme militar que pretendía, sin lograrlo, condicionar de alguna manera su expresión amable.

Resultaba imposible encontrar en él un atisbo de ferocidad o de disposición bélica. En aquella foto mostraba un gesto similar al que le regaló el día en el que se despidieron, si bien entonces fue acompañado de un adiós imposible de eliminar de sus ojos que seguramente no era más que un fiel reflejo del que albergaba en los suyos. La imagen de Antonio le recordaba a las que componían los antiguos fotógrafos ambulantes que se colocaban en la plaza durante las fiestas portando unos aparatosos paneles de madera en los que habían dibujado a grandes trazos personajes en poses divertidas con vestimentas extravagantes, y en los que se podía meter la cara por un agujero hecho a la altura de su cabeza, ofreciendo una estampa la mar de cómica. A pesar de no estar allí, cuando fijaba su mirada en él sentía una complicidad que le ayudaba a soportar la charla y a no discutir. Sabía que su hijo era mucho más hábil que ella en el uso de la dialéctica y bajo ningún concepto debía dejar que asomase la niña frágil que escondía dentro de su cuerpo de anciana y a la que solamente permitía salir a jugar a la calle cuando no había peligro. A los comentarios sobre los jardines —disfrutaba sentándose en un banco del parque para ver pasar a la gente y acariciar a los perros que se acercaban a olisquearla—, el gimnasio —nunca había ido a ninguno, agradecida con poder caminar más o menos erguida, aunque en ocasiones los dolores le mordieran los riñones como si de un gozque furioso se tratara—, el restaurante —le encantaba comprar en el mercado, bromear con los tenderos y conversar con Charo, la joven dueña del herbolario que le regalaba velas con aroma a mimosa y flor de azahar, y después cocinar, tareas que la mantenían viva—, las actividades programadas, incluyendo baile de salón —¡menuda payasada, ella que era más torpe que un elefante con chanclas!—, la capilla privada —Isabel creía en un Dios al que no adoraba y cuyos silencios temía—, y el lujo de las instalaciones, siempre les seguía el mismo colofón adornado con un desagradable atiplamiento de la voz: «...Y lo mejor de todo, mamá, es que no tienes que hacer absolutamente nada: te levantan, te asean, te visten, te peinan, te hacen el cuarto, te lavan y planchan la ropa... lo que se dice, nada».

Y eso era exactamente lo que a Isabel le provocaba una angustia que la invadía hasta el punto de no dejarle espacio para sí misma: la idea de no tener algo de lo que ocuparse, el no tener ningún proyecto propio, por inmediato e insignificante que pareciera. Ella sabía que su equilibrio y esa paz que por fin parecía haberse instalado en su interior, el árbol al que se sujetaba en medio de la ventisca, era el convencimiento de haber hecho siempre, con mayor a menor acierto, lo que ni siquiera su corazón ni su cabeza o ambos le dictaban, sino más bien lo que su estómago le decía. En definitiva, Isabel deseaba escribir el final de la carta, el que fuera, pero, en la medida de lo posible, de su propio puño y letra.

OJOS

Su historia se condensó en una lágrima: la que acababa de precipitarse sobre los restos de whisky de uno de los vasos que se acumulaban sobre la mesa de aquel bar. Tan solo era una gota, pero había sido parida por su pupila humedecida por el vaho de los recuerdos, a modo de punto y final líquido de su historia junto a Carmen. Alzó el dedo índice y el camarero asintió en respuesta a su petición de una más de lo mismo, de un poco más de lo de siempre. Las ventanas de la cafetería estaban empañadas también. Pasó la mano por el cristal, percibió la frialdad de la superficie y miró a través de él inspeccionando la calle, como si estuviera a punto de aparecer una respuesta en algo o en alguien. Tuvo la sensación de que en ese preciso instante su vida acababa de detenerse, mientras que la de los demás seguía pasando. El sentimiento de oquedad, de no pertenencia, era un compañero inseparable desde que tenía uso de razón y permanecía junto a él, todavía con más presencia, cada vez que huía presa del pánico que le provocaba el abrazo perenne que le ofrecía Carmen. No obstante, la soledad nunca se había manifestado en su interior de manera tan categórica. Sí, se sentía vacío, vacío y sucio, como los vasos que comenzaban a amontonarse frente a él. Antes solía viajar en ese autobús que rugía al acelerar a la salida del semáforo, habitaba en el transeúnte que se apresuraba para evitar mojarse y en la parsimonia del que era adelantado por él, flotaba en los saludos y en las indiferencias, se proyectaba en los espacios y en las aglomeraciones; en definitiva, estaba en todo aquello que acostumbraba a reconocer como propio a pesar de su ajenidad. Pero la realidad es que hacía ya bastante tiempo que se encontraba fuera de todo. Por un momento pensó que quizá ese local fuera un gran ojo que amenazaba a su vez con llorar y dentro del cual se encontraba encerrado y sin salida.

Mientras tanto, al otro lado de la mesa quedaba una taza, lacrada en su borde con el mismo carmín que acababa de sellar su vida con un beso de adiós. Aún podía notarlo en sus labios, esos labios a través de los cuales había escupido todo tipo de improperios, de los cuales se arrepentía profundamente. Recordó de modo fugaz la sensación que tuvo cuando habló con Carmen por primera vez; entonces supo que no había conocido a una persona, sino a todo el mundo.

El camarero procedió a recoger los vasos haciéndolos chocar unos con otros, así como la taza en la que Carmen había dejado la mitad del café, y los colocó en una bandeja plateada. Pasó una bayeta sobre la mesa y le sirvió otro whisky junto con un cuenco de cacahuetes mezclados con gominolas, combinación de texturas y sabores que detestaba. Había perdido la cuenta de los que llevaba, pero daba igual; bebía porque quería y podía dejarlo cuando quisiera, no necesitaba ayuda, aunque en estos momentos tampoco pudiera parar. «Te has creído que estás ante un dilema moral, que representas tu versión de la escena primera del acto tercero de Hamlet: beber o no beber, esa es la cuestión, como quien elige entre el bien y el mal, entre hacerle caso al angelito o al demonio que tratan de persuadirte en una u otra dirección desde cada uno de tus hombros, pero no es así. Careces de capacidad para decidir porque estás enfermo, ¿es que no te das cuenta?». Esa era la conclusión que Carmen se había cansado de exponer y que él ya no escucharía más de su boca.

Fuera seguía lloviendo. Quizá cada gota representara una pena y la lluvia a lo mejor era algo más que un simple fenómeno meteorológico: la expresión del desahogo de quienes vivían en otra dimensión que no había resultado ser tal y como les habían contado sus respectivas religiones. Esa multitud defraudada lloraba de impotencia a través de otro ojo todavía más grande que, a su vez, comprendía el que conformaba el ventanal de la cafetería dentro del cual se encontraban los suyos. La ficción de los ojos que se contenían unos a otros sucesivamente le provocó una medio sonrisa. ¿Por qué en los momentos críticos, y cuando más borracho se encontraba, se le ocurrían unas ideas tan brillantes que más tarde no conseguía recordar? Reparó en que en una de las mesas situadas junto a la columna de la entrada se encontraba sentado un invidente. Se percató de ello al descubrir un perro labrador negro que permanecía tumbado e inmóvil a su lado. Él había perdido a Carmen, ella era las personas y las cosas, ella era todo y habitaba en su particular nada. Nunca la volvería a ver, debido a una ceguera restringida a su persona pero igualmente limitativa y dolorosa. El hombre ciego hizo ademán de levantarse y el perro guía se reincorporó simultáneamente. Entonces agarró un asidero vinculado al arnés que casi cubría la totalidad del lomo del animal y abandonó el local sin hacer ruido. Fantaseó con la idea de un mundo sin visión, pero de manera selectiva, en el que la oscuridad se extendiera solamente sobre las imágenes no deseadas, como la censura que cubre los párrafos prohibidos de un libro a base de tachones de tinta. Cerró los ojos fuertemente. ¿Y por qué no taponar el resto de sentidos? Su olfato estaba muy deteriorado debido a los años de fumador, por lo que la sensación actual sería similar a la de tener las glándulas olfatorias fuera de servicio. De esta forma, anulados los sentidos de la vista y el olfato, evitaría cualquier posibilidad de asociación sensorial en un momento en el que todo le recordaba a ella. Claro que le quedaba el oído; rompió en dos pedazos una servilleta de papel y engurruñó los trozos improvisando dos tapones que se introdujo, enroscándolos en los huecos de las orejas. Imaginó cómo sería la vida en las tinieblas, sin olores y en silencio. Pero decidió ir más allá; levantó la mano y pidió la cuenta. Casi al instante escuchó la voz amortiguada del camarero pronunciando un lacónico «gracias», que no era más que la cobertura acústica de un impronunciable «márchese ya», a la vez que depositaba en la mesa un platillo de plástico con la correspondiente factura. Sacó la cartera del bolsillo y a tientas localizó un par de billetes que por sus dimensiones intuyó serían de cincuenta euros. Echó para atrás la silla y al tratar de ponerse de pie se tambaleó en un intento de orientarse en su nuevo medio con los ojos cerrados y dos trozos de servilleta saliéndole casi a la altura de las sienes como los tornillos de la cabeza de Frankenstein. Al tratar de dar el primer paso[1] tropezó con el camarero, que en ese preciso momento se acercaba con celeridad a cobrar. Oyó el ruido de cristales rotos, seguido del estruendo de la bandeja al chocar contra el suelo. Se desplomó como un fardo, sin que sus brazos reaccionaran para que las palmas de las manos pudieran evitar que la cara golpeara directamente contra la baldosa. Sintió la repentina hinchazón del labio inferior y el sabor de la sangre que brotaba de la nariz entremezclado con el del alcohol. Al mareo que ya tenía se añadió un intenso dolor de mandíbula. Abrió los ojos ante una rueda de caras y voces que no paraban de girar sobre él. Buscó, pero no encontró el de Carmen, ni el de sus padres, ni el de Julio, el hijo de su anterior matrimonio, con el que había perdido definitivamente el contacto, ni el de su viejo amigo Luis, el último que le quedaba y que, harto de sus desplantes, había dejado de llamarle. Volvió a cerrarlos y la imagen de Carmen se presentó con nitidez, mostrando sus grandes ojos del color de un doble de Macallan veinticinco años. Exhibía una mueca de rendición, la misma con la que se había despedido esa mis-

---

1   Primer paso del programa de doce pasos de Alcohólicos Anónimos: «Admitimos que éramos impotentes ante el alcohol y que nuestras vidas se habían vuelto ingobernables».

ma tarde. Pero ¿cuánto tiempo podría retenerla en su memoria? ¿Se borraría algún día sin previo aviso o simplemente se iría difuminando poco a poco hasta no dejar rastro en sus circuitos cerebrales? La algarabía resultaba ensordecedora. Pensó en la voz de Carmen, en cuánto le gustaba escucharla, pero no logró recordar su timbre, su música. Rompió a llorar con espasmos de sollozo, como el niño abandonado que nunca había dejado de ser. Mientras, la lluvia arreciaba en la calle. No le consoló que sus ojos pudieran estar dentro de un ojo mayor que era aquel bar, y que este a su vez se incluyera en el interior de otra gran pupila cósmica, y que todos lloraran sus tristezas simultáneamente. De hecho, le pareció una gilipollez.

ALMONEDA

Aparcó el coche frente a la tienda de antigüedades. Mientras cruzaba de acera, los intermitentes parpadearon con el subsiguiente bloqueo automático de la cerradura. Empujó la puerta de acceso y se adentró en una estancia penumbrosa, atestada de muebles y objetos de todas las épocas, formas y tamaños. En la atmósfera dominaba un intenso aroma a madera noble y a betún de Judea. Bajo un aparente desorden se adivinaba la intención de colocar cada cosa en el sitio asignado, obedeciendo a razones que probablemente solo comprendiera su dueño.

—Buenas tardes... de nuevo —escuchó primero la voz del anticuario, para seguidamente verle aparecer entre las sombras de su pequeño despacho ubicado al fondo del local. Era un hombre alto, ligeramente encorvado, de mirada limpia y gesto amable.

—Buenas tardes, don Desiderio, ¿cómo está?

—Estamos, que no es poca cosa. Dígame, ¿en qué puedo ayudarle?

—La tengo en el coche.

—No ha debido precipitarse. En ningún momento usted y yo dimos el acuerdo por concluido...

—Lo sé.

—...y permítame que le diga que no me parece correcta su forma de proceder. Estamos tratando con un material especialmente sensible.

—Tiene usted toda la razón. No era mi intención incomodarlo. La cuestión es que salgo de viaje mañana a primera hora y estaré fuera de la ciudad durante semanas, tal vez meses. Hemos conversado largamente del plan, le he hablado de usted y no ha dudado en aceptar la propuesta. Ese es el motivo por el que la he traído esta tarde.

—Le reitero lo que le comenté en nuestro último encuentro; no sé si podré hacerme cargo. Las antigüedades son mi pasión, es cierto, pero nunca he tenido ninguna tan especial como esta. No será fácil prestarle la atención y darle los cuidados que precisa.

—Por eso no se preocupe; a pesar de los años se conserva muy bien y es muy colaboradora.

—No sé, no sé, comprenda mis dudas...

—Está esperando en el coche; ella está muy ilusionada, pero es a usted a quien le corresponde decidir en última instancia.

—Bueno, confiemos en el destino; la verdad es que he de decir que cuando la conocí me ganó su dulzura.

—Qué me va usted a decir que yo no sepa.

Abandonaron la tienda y atravesaron la calzada hasta llegar al automóvil. Los intermitentes volvieron a parpadear, en esta ocasión emitiendo una especie de ladrido electrónico en inmediata obediencia a la pulsación del mando a distancia.

—Mamá. Traemos buenas noticias. Don Desiderio está de acuerdo.

La ayudaron a salir del vehículo asiéndola cada uno de un brazo para después llevarla con cuidado hasta la entrada de la tienda.

—Bueno, aquí se la dejo.

—Conmigo va a estar usted muy bien —dijo cariñosamente don Desiderio—. En este lugar todo guarda su propia historia. Estoy deseando que me cuente usted la suya.

—Me llamo María Luisa, pero me gusta que me llamen Luisa —dijo la anciana.

—No se preocupe por nada, Luisa, yo la cuidaré.

FELIZ AÑO NUEVO

Nunca he creído en las casualidades.

No fue un hecho fortuito encontrarnos el día de fin de año en aquel local de jazz con aroma a vainilla: fue el destino. Tras mirarnos, nos presentamos y, en un alarde de grandiosidad, decidimos despedir juntos el año, a pesar de que era este quien nos abandonaba a nosotros para siempre. Apuramos nuestras copas y decidimos marchamos de allí, escapar del alboroto de la fiesta en busca de la ansiada intimidad. El frío nos sorprendió al salir a la calle.

El firmamento era negro.

Caminamos abrazados para mantener el equilibrio dejando las marcas de nuestras pisadas sobre la nieve, que caía incesante y espesa dominando el paisaje con su sigilosa omnipresencia. Llegamos a mi casa. Tras cruzar la verja, atravesamos el jardín por el camino empedrado que guiaba hacia la entrada. Abrí la puerta y ambos contemplamos la estancia en silencio, tomada por el resplandor aloque de las farolas que iluminaban la calzada. De camino al dormitorio, nos desnudamos con la torpeza propia del deseo apretando nuestros cuerpos entre besos y caricias.

Nos amamos.

Ella permaneció tumbada a mi lado hasta que comprobó la hora en el reloj que desgranaba su tic tac encima de la mesilla de noche. Desenlazó con brusquedad su mano de la mía y abandonó la cama de un salto. Cogió su ropa desperdigada por el suelo y se dirigió apresuradamente hacia el cuarto de baño. Entonces juré a gritos que nunca nos separaríamos y proclamé nuestra unión eterna. Fue en aquel momento cuando otra mujer, desde sus entrañas, soltó una carcajada malévola y estridente que me hizo estremecer.

Acudí en su ayuda.

La agarré del pelo y golpeé su cabeza contra el lavabo una y otra vez hasta que acabé con el monstruo que habitaba en su interior y que no paraba de chillar a través de su boca.

La salvé.

Desde entonces, todos los días de año nuevo, de madrugada, bajo al jardín y escarbo en el hielo hasta encontrarla. Nos miramos hasta que el reflejo de la luz del amanecer en la nieve hace que comiencen a llorarme los ojos.

CULPABLE

Casi un centenar de paisanos, entre hombres, mujeres y niños, vinieron a buscarlo a los cerros provistos de palos y azadones. Avanzaban lenta y aparentemente en silencio, dada la distancia. Aguzó la vista y junto a las siluetas de la multitud pudo distinguir algunas guadañas y una horca de heno.

Saturnino, pastor desde los seis años, permaneció sentado en el tocón que franqueaba la puerta de su cabaña. Las gotitas de agua que coronaban las briznas de hierba hacían resplandecer los prados en contraste con la lóbrega procesión de perfiles filiformes cada vez más próxima. Los recibió cabizbajo, resignado. No pidió clemencia ni apeló a la misericordia, sabedor de que en estos casos la aplicación de la ley del lugar era implacable. No ofreció resistencia, consciente de que su castigo era lo único que podía esperar por haber cometido un acto tan vil y monstruoso. Nada más llegar, sin mediar palabra, lo golpearon hasta dejarle inconsciente y, cuando despertó, fue sajado en vida para verle morir desangrado sin prestarle auxilio alguno. Luego cumplieron con el ritual de desfilar ante su cuerpo, desde el más joven hasta el más viejo, y escupir sobre lo que quedaba de él.

Varios días después, al pasar por la plaza del ayuntamiento, el olor a carne quemada permanecía en la atmósfera. Cumpliendo con la tradición, el cadáver de Saturnino había sido ahorcado e incinerado en una pira a los ojos del pueblo. Todavía podía leerse, escrito en la piedra con su propia sangre, un breve pero contundente epitafio: «Justicia».

Saturnino y Eloísa se enamoraron nada más verse. Una mañana fresca de verano, cuando ella descendía con paso alegre por la ladera del monte mientras él caminaba hacia el risco, se toparon en un recodo del camino. Tras el sobresalto inicial propio de un encuentro inesperado, sintieron una intensa atracción recíproca. Eloísa era muy joven. De cuerpo menudo y complexión robusta, tenía el pelo corto y rojizo. A Saturnino le sedujo su mirada, perdida y anhelante, conjugada con un halo de rebeldía que lo cautivó por completo. A Eloísa, a pesar de la notable diferencia de edad, la madurez serena de Saturnino, labrada a lo largo de los años vividos en compañía del cielo y las montañas, le transmitió la paz y el sosiego que solamente su voz y su presencia podían proporcionarle. La naturaleza no tardó en imponer su férrea voluntad y ambos se amaron con una pasión animal. En un mundo apartado del mundo compartieron albas y ocasos, sueños y despertares, hasta que los rumores se propagaron entre la gente del pueblo con la misma rapidez con la que las llamas se extienden por los zarzales.

Instantes antes de ser ejecutado, a la mente de Saturnino acudió el recuerdo de aquella tarde en la que se bañaron desnudos en la poza del río para después secar sus cuerpos bajo el sol, tras lo cual él la perfumó frotando su espalda con tomillo y flores de lavanda. Pero había llegado su hora: Saturnino había mantenido relaciones con una cabra menor de edad.

DIAGNÓSTICO FINAL

Lucía ojeó sin interés una revista de decoración y la volvió a dejar en la mesita baja de la sala de espera, en perfecta simetría con las demás, asegurándose de no descolocar el montoncito que formaban. De nuevo observó la pintura abstracta que se expresaba desde la pared de enfrente y una vez más trató, no ya de entenderla, sino de averiguar qué era aquello que debería de comprender. La silueta del doctor San Pietro se perfiló tras el cristal biselado de la puerta antes de que él la abriera y le invitara a acompañarlo a su despacho.

–Buenas tardes. ¿Qué tal se encuentra hoy?

–Bien –contestó ella, poniéndose de pie con una rapidez innecesaria. Mientras atravesaban el distribuidor del piso que hacía las veces de consulta, el doctor San Pietro carraspeó como si de un ensayo de sonido previo al comienzo de la terapia se tratara.

–Siéntese, por favor. ¿Un vaso de agua?

–No, muchas gracias –contestó Lucía, sin poder evitar fijarse de nuevo en aquellas manos con la manicura impecable.

–Bien, como usted ya sabe, la semana que viene completaremos dos años de tratamiento y creo que, tal y como le he ido anunciando, debemos comenzar a pensar en ir disminuyendo de forma gradual las sesiones, en espaciar su periodicidad... –dijo el doctor con la corrección y la prudencia que le caracterizaban.

–Pero sigo sin encontrarme bien del todo, bueno, salvo cuando estoy aquí, con usted...

—No entienda mi sugerencia como una ruptura; no lo es.

—Discúlpeme, pero es, cuanto menos, el aviso de una futura ruptura...

—En absoluto; usted no abandonaría su tratamiento, no se trata de eso.

—¿Entonces que es lo que sugiere? Porque no lo entiendo. Le ruego que me diga las cosas claras, es lo único que pido. Gracias a usted he aprendido a identificar aquellas situaciones que me perjudican, a pensar antes de actuar y a intentar no controlarlo todo.

—No olvide que es usted quien ha desarrollado esas habilidades...

—Es cierto, aunque sin su ayuda nunca lo hubiera logrado. Incluso he conseguido más o menos manejar los estados de incertidumbre emocional, pero con este tema no me veo capaz.

—Verá. Simplemente considero que resultaría contrario al código deontológico y a mi ética personal continuar con el proceso terapéutico cuando, si bien su personalidad presenta rasgos obsesivoides, después de todo este tiempo no podría diagnosticarle ninguna psicopatología o trastorno mental a partir del cual seguir trabajando en su caso.

—No es lo mismo no tener un diagnóstico claro que no tener problemas. Mi malestar cotidiano es un claro síntoma de que algo me pasa... Fuera de esta habitación me encuentro mal, doctor.

—Seré sincero con usted. Sé lo que le ocurre; la cuestión es que mi... dictamen, por llamarlo de alguna manera, no se ajusta a ninguno de los tipos que figuran ni en el DSM ni en el CIE.

—Disculpe mi ignorancia, pero en estos momentos no sé de qué me está hablando.

—Discúlpeme usted a mí. Trataré de explicarme con mayor claridad. A día de hoy no sabría emitir una opinión que encajara, aunque fuera lejanamente, en ninguna de las psicopatologías que aparecen en los sistemas clasificatorios que empleamos comúnmente en psiquiatría.

–Perdón, pero sigo sin entenderle.

–Lucía –era la primera vez que el doctor pronunciaba su nombre desde que lo verbalizara el primer día que acudió a la consulta, cuando rellenó su ficha. Como entonces, sonó bonito en su voz y ella no pudo evitar sonrojarse al escucharlo, concentrando la mirada en el portaplumas dorado que había sobre la mesa del escritorio–, en usted observo una sintomatología, un malestar cotidiano evidente, como ha expresado hace un momento, pero no puedo afirmar la existencia de un trastorno de ansiedad, ni de control de los impulsos, ni del comportamiento y de las emociones, que haya comenzado de forma habitual en la infancia o en la adolescencia. Tampoco detecto ni siquiera un estado depresivo latente, por leve que sea, y menos aún trastornos de la personalidad especialmente relevantes.

–Entonces, ¿qué es lo que me ocurre?

–Tengo una teoría; bueno, es más bien un sentir al respecto, porque me temo que excede del ámbito estrictamente profesional.

–Por favor, compártalo conmigo, me ayudaría muchísimo.

–Bien, creo que ha llegado el momento de profundizar en nuestra relación.

–¿Qué quiere que hagamos?

–Revisando las notas obtenidas de todas las sesiones celebradas hasta la fecha, he llegado a una conclusión: lo que creo que le ocurre es que, en sus diferentes ámbitos relacionales, el familiar, el laboral, el social... está rodeada de estúpidos... A mí también me pasa. A ninguno de los dos nos gusta estar con gente. Yo también me siento así, salvo...

–¿Salvo cuándo?

—Salvo cuando estoy a su lado.

—A mí me pasa exactamente lo mismo... —contestó Lucía, volviendo a refugiar su rubor en el portaplumas, en esta ocasión concretamente en su base de metacrilato—. Y en estos casos, ¿qué es lo que debe hacerse?

—Nunca me había ocurrido esto antes; también es algo nuevo para mí, por lo que comenzaré por invitarla a cenar esta misma noche. ¿Le gusta la comida hindú?

—No lo sé, nunca la he probado.

—Pues hoy es el día indicado para hacer algo distinto. ¿Ha oído alguna vez hablar de transferencias y contratransferencias entre paciente y terapeuta?

—¿No me irá a cobrar por ir a cenar juntos? Además, usted siempre me pide que pague en efectivo...

—No mujer, claro que no; esta noche todo corre por mi cuenta y, por favor, tuteémonos.

LA HABITACIÓN DE NARCISO

Cuando nació era un bebé de una hermosura extraordinaria, distinto de los demás. No lucía el típico color amoratado causado por el esfuerzo de atravesar el canal del parto, ni estaba cubierto de esa sustancia grasienta y blanquecina con la que la naturaleza protege a los *nasciturus* mientras permanecen en el claustro materno. Ni siquiera estaba manchado de sangre, ni llevaba adheridos restos placentarios, como ocurre normalmente. Su piel estaba limpia, tersa y de un rosado resplandeciente. También la boca, la nariz, las orejas, eran de unas proporciones perfectas, al igual que unos impresionantes ojos almendrados de una tonalidad azul verdosa difícil de definir. A esto hay que añadir lo ordenado de sus cabellos, con una perfecta raya a un lado y un impecable peinado pompadour, impropio de un recién nacido. Tanto la matrona como el ginecólogo, así como el resto del equipo médico, quedaron prendados de él nada más verlo. Su primer llanto no se produjo tras la nalgada de rigor, sino cuando una de las enfermeras lo cogió en brazos y lo aproximó a su boca estirando los labios para besarlo en la frente, gesto de bienvenida que fue truncado por un violento manotazo en el ojo de la sanitaria, seguido de una explosión de ira, sucesión de reacciones que la llevó a depositarlo sin dilación sobre el pecho de la madre con el fin de tranquilizarlo. Dada su extraordinaria belleza, así como el hecho de haber nacido un veintinueve de octubre, día de san Narciso, decidieron ponerle el nombre del santoral.

En la cuna mostraba una obsesiva curiosidad por el descubrimiento de sus extremidades, hasta el punto de no responder a la llamada de sonajeros, peluches y una amplia colección de artefactos saturados de luces multicolores que emitían todo tipo de sonidos y estridencias sin captar ni un ápice de su atención. La visita al pediatra no se hizo esperar. Se descartó la existencia de anomalías de carácter auditivo y, después de la pertinente evaluación psicológica perinatal, de cualquier trastorno del espectro autista.

De niño, su interés escapaba de juguetes, cómics y dibujos animados, acaparado por la observación y la palpación del cuerpo, labor en la que empleaba todo el tiempo que no permanecía durmiendo abrazado a un retrato suyo. En el colegio pasaba los recreos ausente de todo y de todos, mientras contemplaba su reflejo en el cristal de la ventana del aula. A su vez mostraba un rechazo frontal a cualquier actividad que se desarrollara en equipo; en definitiva, a cualquier acción que trascendiera el ámbito estrictamente individual. Los compañeros de clase decoraban sus carpetas con imágenes de ídolos deportivos o musicales. Todos menos él, que forró la suya con una fotografía ampliada de su rostro, junto a la cual había dibujado un corazón coloreado de rojo brillante, atravesado por una flecha bajo el que figuraba escrita en grandes letras: I LOVE YO.

Sus padres no se relacionaban con él más allá del indispensable contacto derivado del desempeño del rol de meros proveedores de alimentos, ropa y utensilios de papelería e higiene personal, ya que no toleraba ningún tipo de acercamiento y, menos aún, cualquier manifestación de cariño, ni físico ni verbal. Quedaban solamente un par de días para su cumpleaños y le preguntaron por el regalo que le gustaría recibir por su décimo aniversario, a lo que Narciso respondió que deseaba una grabadora reproductora con auriculares. Y ese fue el presente que recibió durante una celebración en la que, solo en su habitación, sopló las velas y cantó para sí el cumpleaños feliz, introduciendo una pequeña modificación en la letra; el típico «...te deseeeeamos tooodos», fue sustituido por un «...me deseeeo yooo sooolo...», mientras procedía a la apertura del paquete con ansioso entusiasmo. Pues bien, desde esa misma noche, instantes antes de caer dormido presionaba el botón de Rec para volver a pulsarlo de nuevo nada más despertarse una vez finalizada la grabación. A continuación, se colocaba los cascos y procedía a escuchar con absoluta concentración el sonido de su respiración y los ruidos emitidos por su cuerpo, así como los derivados del roce de este contra las sábanas a lo largo de la madrugada. La misma operación se repetía cuando echaba la siesta o si percibía que iba a dar una cabezada, por corta que fuera. No hacerlo supondría perderse gran parte de su vida y no estaba dispuesto a que la satisfacción de la necesidad del descanso conllevara el no disfrute de prácticamente un tercio de su existencia. En una de sus escuchas matinales, Narciso detectó el sonido de una ventosidad que se le había escapado mientras dormía. Rebobinó y la volvió a oír en innumerables ocasiones, al parecerle el sonido más hermoso y melódico que jamás había percibido.

Una mañana, Narciso despertó recordando haber tenido un sueño maravilloso. Iba caminando por la ciudad. Buscaba una tienda de telefonía que se encontraba en la calle Narciso número uno. Tras leer su nombre en la correspondiente placa, empujaba la puerta del establecimiento y al otro lado del mostrador le atendía él mismo vestido de dependiente. Su otro ego le entregaba un teléfono y le susurraba un código secreto que coincidía con su fecha de nacimiento. Conectaba el terminal, lo introducía y se llamaba a sí mismo por teléfono. Para su sorpresa, la señal no daba comunicando, sino que, tras un par de tonos de espera, al otro lado de la línea se contestaba él mismo, con quien podría hablar largo y tendido gracias a una tarifa gratuita cuyo nombre comercial era FM-FM (*From Me For Myself*). La experiencia resultaba sublime, ya que ambos «yoes» no paraban de halagarse recíprocamente sin límite de tiempo.

En una ocasión, sus padres se acercaron –no demasiado– a él y le dijeron: «Te queremos, hijo», a lo que les respondió: «Solo me amo yo, y ahora, alejaos; deseo estar conmigo». Pero antes de que cerraran la puerta de su cuarto, les reclamó con un sonoro chistido y mantuvieron la siguiente conversación.

–Por cierto, ¿a dónde vais tan elegantes?

–Vamos a misa, hijo, como todos los domingos.

–¿Cómo?, ¿a misa?, ¿para adorar a Dios?

–Claro, hijo. ¿A quién si no?

–¡Al único, escuchadme, al único al que debéis reverenciar e idolatrar es a mí! ¡Yo soy lo primero y lo último! ¡No quiero ver ni un crucifijo, ni una imagen religiosa en esta casa! ¿Lo habéis entendido? ¡Que no me entere de que ni una sola oración va dirigida a otro que no sea yo!

Como último intento, decidieron comprarle un animal de compañía. Habían visto en un documental de la televisión que se usaban perros con fines terapéuticos para ayudar a personas con dificultades de expresión emocional y de comunicación con su entorno. Incluso en las cárceles, los presos más violentos y asociales consentían en compartir su espacio con ellos, llegando a entablar una relación cargada de afecto recíproco. Pero cuando Chispita –así le llamaron– se aproximó jadeante y moviendo la cola de alegría a olisquear a Narciso, este le propinó tal patada que le hizo volar por los aires aullando de dolor, sin que nunca más se atreviera a salir de debajo de la mesa del comedor.

Ya en la pubertad, despertó a la sexualidad masturbándose de manera compulsiva mientras imaginaba su cuerpo en sugerentes poses, y agredió a la única chica que intentó flirtear con él al grito de «¡¡¡Yo soy solo mío!!!», presa de un ataque de celos.

Desde hace unos días, Narciso se encuentra postrado en la cama de su habitación, cuyas paredes y techo han sido revestidas, a petición suya, de espejos de aumento. Los médicos le han diagnosticado un largo periodo de convalecencia debido a una grave lesión de columna vertebral: intentó hacerse el amor.

CAMBIO DE PLANES

Yahvé nos ordenó fructificar y multiplicarnos, llenar la Tierra y gobernarla: casi nada. En primer lugar, tener descendencia es una decisión personal que nos corresponde tomar exclusivamente a Adán y a mí desde la responsabilidad que supone producir vida desde la vida en un lugar al que acabamos de llegar y que, por tanto, desconocemos. Tener hijos es algo muy serio; es más que un simple acto reproductor. Por otra parte, Adán es un hombre sencillo, sin aspiraciones a rey de la Creación ni a amo dominante del resto de criaturas; no le interesan lo más mínimo semejantes títulos rimbombantes, ni el enorme grado de compromiso y dedicación que acarrearía el desempeño de dichos cargos, con la consiguiente escasez de tiempo para uno mismo y para la pareja.

En segundo lugar, yo creía que el Señor, como dueño de todas las almas, nos predestinaba, es decir, que por medio de su gracia gozaríamos de la salvación eterna o bien seríamos condenados a permanecer sin fecha límite en un lugar oscuro y apestoso, pero Adán me ha explicado que también nos ha concedido el libre albedrío. Ambas cosas, sinceramente, no son compatibles. Vale que la capacidad de la mente humana es muy limitada en su esfuerzo por tratar de entender a una deidad, pero creo que en esta ocasión, y que no se ofendan los creyentes, lo que ha ocurrido es que el Todopoderoso se ha hecho, nunca mejor dicho, un lío de muy señor padre. Una de dos: o nos organiza Él o nos organizamos nosotros, pero ambas cosas a la vez resultan inviables.

Desde el principio de los tiempos, únicamente hemos conocido el bien, viviendo la eternidad en un entorno idílico que nos proporcionaba todo cuanto necesitamos sin esfuerzo: todo resultaba tan fácil y hermoso que nos dimos cuenta enseguida de que no tardaríamos en aburrirnos de un lugar en el que todo está resuelto y terminaríamos por menospreciar semejante trabajo realizado en tan solo seis días. No sería justo. Me explico: vivir con la seguridad de que vas a obtener lo que te apetece, sin nada que mejorar ni que conseguir y, sobre todo, sin la perspectiva de un final puede resultar alucinante durante un tiempo, pero cuando uno piensa que esta situación nunca acabará... Una existencia aparentemente deleitosa se tornaría a buen seguro en desesperante. La abundancia deshace el deseo, en el sentido más puro del término, y una vida sin deseo no termina de nacer, sin perjuicio de que pueda ser el germen de una ambición enfermiza que desemboque en desgracia. Además, hay algo que llevamos en nuestro interior como animales que somos, un instinto a cuya llamada acudimos de manera inevitable: la curiosidad. En este caso, por lo que haya fuera de aquí y que queremos conocer. Lo sé, es difícil de comprender, cuántas personas darían cualquier cosa por tener la vida resuelta, pero son nuestras ideas y sentimientos.

Así pues, guié a Adán hasta el centro del Edén caminando por un sendero rodeado de arbustos de tacto aterciopelado, plenos de brotes de colores que acariciaban nuestros cuerpos desnudos, hasta llegar a un prado de un verdor deslumbrante en donde se encontraba el imponente Árbol del Conocimiento del Bien y del Mal, cuyas ramificaciones parecían tocar las nubes. Una vez allí comimos sus frutos con plena consciencia y aceptación de las consecuencias de nuestro comportamiento, sin mediar tentación alguna, cumpliendo así con el trámite necesario para adquirir la condición de mortales. Desde ese instante vivimos cada momento como si fuera el último, porque en eso creemos que debe consistir la vida, en una experiencia finita e incierta, como características que deben hacerla apasionante y realmente disfrutable.

Si algún día concebimos un hijo –pensábamos tener dos o tres, pero estimamos que siendo uno podríamos dedicarle más tiempo y de paso evitábamos los celos y las peleas–, le pondremos de nombre Adonai Najásh. Ambas palabras proceden del hebreo. Adonai significa Señor, en memoria de Yahvé, porque a Él le debemos el habernos encontrado, y Najásh se usa para denominar a la madre de todas las serpientes. Me explico: a ella le pedimos que nos permitiera probar el fruto prohibido, a lo que contestó que, según el protocolo del Génesis, dicha degustación debería ir precedida de un ofrecimiento persuasivo y embaucador a la par que malévolo por su parte. Fue entonces cuando le conté que mi actitud y la de Adán no constituían un acto de desobediencia, sino una simple manifestación de la autonomía de la voluntad. Conversamos largamente sobre este y otros temas y ambas coincidimos en que la tesis del llamado «pecado original» era machista y trasnochada, al otorgar protagonismo al género femenino, pero solamente como culpable de todos los futuribles problemas del universo, dejando a la mujer en un plano de sumisión y dependencia respecto del hombre en todo lo demás. Adán también está indignado con esta teoría, que le pone, en sus propias palabras, como un tontolaba sin criterio que hace lo que dice la parienta sin rechistar. Total, que nuestra amiga reptil nos entregó, previa petición, no solo la famosa manzana, sino media docena más, tres plátanos y dos peras por si nos entraba hambre durante el viaje.

Hace algunos días, Adán me dijo que el auténtico paraíso no era más que la ilusión de envejecer juntos: es un hombre divino, un auténtico cielo. Me parece increíble la conexión que tenemos llevando solo una luna juntos. Por cierto; antes de abandonar voluntariamente el Edén –que quede claro, no nos echan, sino que nos vamos– en busca de un lugar en el que poder desarrollarnos y crecer individual y conjuntamente, hemos intentado despedirnos de Dios, pero no habíamos caído en que hoy es el séptimo día de la Creación y se está echando la siesta. No hemos querido despertarlo. Tanto los animales marinos como las criaturas terrestres y aladas, que llevan ya un par de días por aquí, nos han avisado de que, si le interrumpimos el sueño, podría levantarse de un humor apocalíptico y por eso no creemos que sea el momento adecuado para darle «la buena nueva». Es por ello por lo que le hemos dejado una nota que dice así: «Gracias por todo, pero hemos decidido vivir de otra manera. Esperamos que, si no lo comprendes, al menos aceptes este cambio de planes. Ojalá nos volvamos a ver; quizá en otra vida».

EL UNDÉCIMO
MANDAMIENTO

—Ave María purísima.

—Sin pecado concebida.

—Padre, confieso que he pecado.

—Adelante hija, te escucho.

—Pues verá, padre, esta noche no he pegado ojo. Tomás, el pequeño, no ha parado de llorar. Tenía mucha fiebre y no podía salir a comprarle Apiretal. Estaba sola con los cuatro, que al dormir en la misma habitación también se han despertado con los gimoteos del renacuajo. Su padre ha llegado de madrugada y le he pedido por favor que no se acostara según entraba en la casa, sino que intentara aguantar el sueño unos minutos porque tenía que salir a buscar una farmacia de guardia. Pero estaba borracho, como siempre, y se ha quedado dormido en el sofá, aunque antes ha tenido tiempo de decirme que allá me las apañara, que él bastante hacía con trabajar todo el puto día para pagar la casa y lo que tragaban «esos cabrones». De paso me ha prohibido quejarme porque tenía que estar agradecida por dejarme vivir bajo su techo cuando ya no valía ni para echarme un polvo.

—Hija mía...

—Déjeme terminar, por favor, padre. Total, que he tenido que recurrir a Pilar, la vecina del tercero, que padece insomnio y tenía la luz del salón encendida, para pedirle un paracetamol y dárselo disuelto en agua con una jeringuilla. Me ha preguntado qué me había pasado en el ojo, y la verdad que no sé por qué pregunta, ya que en esta casa las paredes y los techos son de papel y se oye todo y ella tiene el dormitorio justo debajo del mío y sabe perfectamente lo que ocurre. Le he contestado lo que quería escuchar: que me he caído, porque, si le llego a decir la verdad, podría irse de la lengua y como le llegue a mi marido el chisme por algún lado —perdone la expresión, padre— me revienta a hostias, como él dice, y a ver dónde voy yo con cuatro críos y sin un euro. Trato de que se ponga el preservativo, pero él dice que eso es para las putas y que yo soy su mujer y grita para que me calle la boca y yo cierro los ojos y me dejo hacer porque si le discuto se pone más violento y es peor... Pero no se alarme, padre, que lo del preservativo no es porque no me gusten los niños —son lo mejor del universo y lo que me da razón y fuerzas para seguir viviendo—; es porque tengo una infección ahí abajo y me da que el *desgraciao* me ha pegado algo, que viene oliendo no solamente a alcohol, sino también a perfume barato.

—Tienes que hablar con él; la comunicación es muy importante y la única manera de solucionar los problemas y aliviar las tensiones.

—¿Comunicarse? Mire padre, esta mañana, cuando ha despertado, después de ducharse y afeitarse se ha sentado en la cocina y me ha dicho que el café estaba frío, que no había quien se tragara esa mierda y que a ver si me arreglaba un poco, que las mujeres pellejas y acabadas como yo lo mínimo que tenían que hacer en esta vida es esforzarse por no resultar repugnantes. Luego se ha pegado un trago de coñac y se ha largado dando un portazo. Los niños saben que hasta que su padre no se vaya no pueden salir y deben quedarse en la habitación. Por ahora no la ha tomado con ellos, pero al tiempo, y entonces padre, le juro que como les ponga una mano encima...

—Hija, tranquilízate, por favor. No vayas a hacer una locura. El ojo por ojo no lleva a ningún sitio.

–Lo sé, padre, lo sé, pero es que yo hace ya mucho tiempo que no voy a ninguna parte.

–...

–Donde sí que necesito ir ahora mismo es al médico, porque la herida del ojo se me ha infectado y se ha puesto muy fea. Pero sé que en el momento en el que me vea el doctor avisará a la Policía y de ahí al juzgado, y entonces ya la hemos liado; si mi marido se entera de que he hablado con la Policía me mata, aunque, que Dios me perdone, padre, quizás eso lo solucionaría todo. Muy a menudo deseo morirme, que esto se acabe de una vez por todas...

–No digas eso, hija. Reitero mis palabras: habla con tu marido, hay que dialogar, es una mala racha, todos los matrimonios pasan por momentos difíciles, pero se superan con dialogo y con amor. Piensa en los pequeños; ellos no son culpables de nada y tienen derecho a tener un padre y una madre, una familia como Dios manda...

–Mire, padre, no le pido que lo comprenda; con que me escuche me doy por satisfecha. No hay un día en el que no desee morir, sí, pero veo la cara de mis hijos y solo por ellos sigo adelante. Lo que sí hago con cada vez más frecuencia es imaginar la muerte de mi marido; fantaseo con que llega un día en el que le atropella un coche, le da un infarto o simplemente... desaparece, y entonces descanso, dejo de temblar cada vez que chasca la cerradura de la puerta de la calle, o cuando se acerca, o simplemente me mira...Y no vuelva a decirme que piense en mis hijos, porque son lo único que me importa y nunca consentiré que se conviertan en objetos de esa ira que tiene y que no sé de dónde viene. Una cosa tengo clara, padre: mientras esté yo aquí, eso no sucederá jamás, ¿me entiende, padre?, jamás. ¡Lo juro por Dios y por la Virgen!

–Cálmate, por favor, hija. Estamos en la casa del Señor...

–Por eso los he *lavao*, vestido y *peinao*, dado el desayuno y *llevao* al colegio a tres de ellos, y he marchado al centro de salud con el pequeño en brazos. No había pedido cita y la pediatra, que es muy maja y se da cuenta de todo, me ha atendido nada más verme a pesar de las protestas de la gente. Tras examinarlo, me ha dicho que no me preocupe, que tiene placas en la garganta y es normal que tenga tos y fiebre muy elevada. Me ha dado una caja de antibiótico y unos supositorios antitérmicos para que no tuviera que comprar las medicinas. Después me ha entregado un plastiquillo con una docena de pastillas para mí. Son para calmar la ansiedad, pero no las voy a tomar porque, a pesar de que quitan angustia, por lo visto te dejan grogui y yo tengo que estar atenta y no puedo permitirme el lujo de estar atontada todo el día. A la salida me he mareado un poco y he tenido que sentarme en la sala de espera, pero la limpiadora me ha traído un vasito con chocolate caliente de la máquina y se me ha pasado un poco. Y es que, haciendo memoria, no he comido nada desde anteayer por la noche porque en el súper ya no me fían y apenas me llega para lo de los niños. Antes mi marido solía entregarme una cantidad razonable de dinero a principios de cada mes y mal que bien me defendía. Ahora me tira a la cara un billete de veinte euros para toda la semana y entre eso, lo que le siso sin que se entere mientras ronca y lo que me regala la vecina, por lo menos a los chiquitines no les falta un chusco de pan y unos huevos con patatas que echarse a la tripa. Cuando he regresado a casa, el bebé se había quedado dormido y he aprovechado para asearme. Al terminar de lavarme la cara he levantado la cabeza y no he podido evitar mirarme en el espejo que cuelga sobre el lavabo. Lo cierto es que tiene razón; tengo un aspecto horrible y siniestro, parezco... lo que soy, una viva muerta, una muerta viva; mis ojos ya no brillan, parecen los de la pescadilla que se enrosca sobre el hielo del mostrador de la pescadería. Ni recuerdo cuándo fue la última vez que fui a la peluquería. Con el pelo sin teñir y las raíces blancas a la vista junto con el ojo a la virulé, no es extraño que la gente se retire cuando me ve aparecer. Y eso que es invierno, y entre los pantalones, el abrigo y la bufanda, se disimulan los moratones; aunque, mire, padre, lo que de verdad sangra es el alma, y eso seguro que lo comprende usted, que es un experto en la materia...

—Daos una oportunidad. Sé paciente. Apóyate en la comunidad cristiana.

—La comunidad cristiana... No dudo de que hay mucha buena gente, cristiana o no, pero antes me he cruzado con un matrimonio del barrio, de esos de toda la vida; seguro que les conoce porque no se pierden una misa. Han cuchicheado entre ellos y, sé que no está bien, padre, pero he puesto la oreja para escuchar cómo él le ha comentado a su mujer que a saber lo que había hecho yo para terminar así, a lo que ella le ha contestado que le habían dicho que estaba metida en drogas. Mire, padre, y ya termino: al principio conseguía refugiarme en los recuerdos hermosos, que alguno me queda, sobre todo de cuando éramos novios y paseábamos cogidos de la mano por el parque pisando las hojas. Parecía que el otoño nos había puesto una alfombra dorada que había encargado solo para nosotros. Nosotros, una palabra tan bonita como olvidada... Reconozco que siempre he sido poquita cosa y más bien feúcha, y él, a excepción de un par de enfados motivados por unos celos sin sentido que le hicieron ponerse muy bruto y soltar algún bofetón del que no tardó en disculparse, me trataba bien. Por eso, cuando a los pocos meses de conocernos me dijo que nos casábamos, me vi dándole el «sí, quiero» de blanco y ante su Dios, padre, que ya dejó de ser el mío, y que hizo de testigo en la ceremonia. Yo quería la familia que nunca tuve. Dejé mi trabajo como dependienta en la mercería para dedicarme a él y a mis hijos. Pero enseguida todo cambió, o simplemente no supe o no quise darme cuenta y... siguió como tenía que seguir. Comenzó a insultarme, luego cada vez me pegaba más y más y me forzaba noche sí y noche también, y yo no hacía más que embarazarme y parir, y él seguía vejándome y golpeándome incluso estando encinta; fíjese que tengo cuatro hijos que serían cinco si no hubiera abortado, pero no se me asuste padre, que no soy una asesina, que no lo hice aposta, que, como ya le he dicho, yo adoro a los niños, que si no fuera por ellos ya me habría tirado por la ventana, dado un atracón de pastillas o un buen lingotazo de limpia suelos. Lo perdí en casa, después de una paliza. Me caí de tripa y dejé de sentirlo. Esto solo lo sabe Dios y usted.

—Hija mía, eso que cuentas es terrible; que Dios lo acoja en su seno.

—Gracias, padre. Bueno, y ahora voy a cambiar al chiquitín y a recoger los desayunos y a preparar la cena, poner dos lavadoras, tenderlas rapidito para que se seque la ropa y no huela a humedad y planchar lo que me dé tiempo, sobre todo sus camisas, que si no entra en cólera y ya se sabe cómo terminamos. Si pudiera descansar un par de horas, bueno me conformaría, aunque fuera con poder dar una cabezadita.

—Debes descansar y rezar, y habla con él; seguro que todo se soluciona, Dios nunca te abandonará.

—¿Sabe, padre? Ya termino, no se preocupe. En algo sí han mejorado las cosas. Antes tenía pesadillas, me despertaba sobresaltada y prefería no dormir y permanecer despierta, pendiente de su llegada. Pues resulta que el peor de esos sueños era mejor que mi realidad. Es curioso, ¿verdad? Ahora las pesadillas son de día y con los ojos abiertos y cuando consigo dormir, lo peor que pueda soñar… es mejor que lo que tengo por delante. Bueno, padre, seguro que se me olvidan muchas cosas, pero tampoco es cuestión de darle más detalles, que noto que le incomodan porque le siento removerse ahí dentro y oigo crujir la madera del confesionario, porque como todo el mundo, y no se ofenda, padre, usted también se esconde detrás de una rejilla. Qué fácil debe ser verlo todo desde ahí, ¿verdad? Me confieso de todo lo dicho porque me siento muy culpable de ser tan mala cristiana, aunque ponga bastante más que la otra mejilla, porque me dan por todos lados... Es broma, padre. Peco, padre, peco cada segundo de mi vida contra el más esencial de los mandamientos.

—Hija mía, perdona que te interrumpa, y debes saber que te acompaño en tu dolor, que es el mismo que sintió Jesús en la cruz, que él también sufrió y sufre contigo. Debes saber que no estás sola. Espero que lo que me has contado te valga como desahogo, y ya sabes que estoy aquí para escucharte cuando lo desees, pero por mucho que me esfuerzo no consigo ver tu pecado, sino tu penitencia.

—Discúlpeme que le lleve la contraria, padre, pero esto no es un desahogo, es una confesión en toda regla. Confieso que he pecado de pensamiento, palabra, obra y omisión contra el undécimo mandamiento.

—No te ofendas, hija, pero el Señor escribió diez mandamientos en dos tablas de piedra que entregó a Moisés en el monte Sinaí...

—Ya lo sé, lo sé, padre, ya lo sé; no es necesario que lo cuente. Le recuerdo que me crié en un orfanato de monjas.

—...

—No se preocupe, padre, yo se lo explico; Dios olvidó escribir el último mandamiento o, ¿quién sabe?, a lo mejor se lo dejó en un bolsillo apuntado en un pedrusco que no le dio tiempo a pasar a limpio a las susodichas tablas. El hecho es que, por uno u otro motivo, que la verdad, me importa un rábano, nunca se lo llegó a dar a Moisés. El undécimo mandamiento es uno de los más importantes, si no el que más, sobre todo porque, si lo incumples, puedes terminar pecando contra el quinto. ¡No me diga que no sabe de lo que le hablo!

—...

—El undécimo mandamiento, padre: no aguantarás.

AZOTEAS

Dunas de tejas ennegrecidas por la intemperie. Hojas amontonadas en los canalones. Chimeneas. Un gato agazapado acecha a un grupo de palomas. El viento hace ondear las ropas tendidas que refulgen a ratos gracias al sol escondido tras una nube que parece un brochazo de Dios en mitad del cielo rasgado por antenas y pararrayos. Contemplo los perfiles de la ciudad que respira como un ente único, en apariencia tranquilo, del que me siento fugazmente parte.

(Abro paréntesis, pues tengo dudas acerca de si el párrafo anterior es adecuado como pasaje introductorio. Espero que no haya resultado empalagoso. Mi intención era crear una atmósfera poética describiendo un entorno cargado de romanticismo, enfatizado por el uso del lenguaje metafórico con el fin de removerte emocionalmente).

Me presentaré. Puede que un Post-it fuera suficiente para contener una versión abreviada de mi vida, pero entiendo que extenderme aquí para dar algunos detalles de ella, aunque no muchos, se agradece.

No soy Harold Lloyd, recién emigrado a la gran ciudad en busca de una oportunidad y que cada semana escribe una carta a su prometida en la que le cuenta sus progresos a pesar de no ser ciertos. A mí no me va tan mal, y no me dispongo a realizar una exhibición de funambulismo para terminar colgado de las agujas del reloj de un imponente edificio. La azotea en la que me encuentro pertenece a una casa de seis plantas sin ascensor y el reloj más cercano es digital, está enfrente del mercado y marca la hora, el día y la temperatura. Paula coge mi mano. Tampoco ella es Eva Marie Saint, ni falta que le hace, porque tiene una sonrisa que ruborizaría a una estatua. Por eso nunca conoceré a Karl Malden, el padre Barrie, ni este tratará de que acuda a los tribunales y denuncie al corrupto Johnny Friendly, que explota y maltrata a los estibadores de los muelles de Nueva York. De hecho, vivo en una ciudad pequeña del interior. Aquí no hay mar; todo es asfalto y no conozco al cura de la parroquia. Y es que tampoco soy Marlon Brando. Soy bajito y regordete. No, no soy Malloy, el boxeador acabado que trabaja para el malo y que sufre una profunda crisis moral por su amor a Edie (Eva Marie Saint), que a su vez es la hermana de una víctima de Johnny.

Trabajo en el supermercado que hay dos calles más abajo y la peor persona con la que me relaciono es mi jefe, que, aun así, es demasiado obtuso para llamarle perverso. Yo más bien diría que es un hombre amargado que no sabe apreciar lo que tiene. El hermano de Paula es un amigo de la niñez. Conozco a Paula desde que éramos unos críos: su recuerdo es nítido incluso entre la nebulosa de la infancia. Nos miramos. Aquí arriba no suena de fondo la música de don Hulette ni la de Bernstein, sino el zumbido de los aparatos de aire acondicionado. Esto no es ni «El hombre mosca» ni «La ley del silencio», no he visto por aquí a Fred C. Newmeyer ni a Elia Kazan dirigiendo la escena, aunque si los viera tampoco los reconocería. Aquí estamos solamente Paula y yo, lo mismo que Harold Lloyd o Eva Marie Saint y Marlon Brando, sí, pero en una azotea que es la nuestra y en la que todo es verdad. Quizá el guion —que no lo hemos memorizado previamente y preferimos improvisar— sea menos complejo y, desde luego, no es tan dramático. Pero hablamos de la película de nuestra vida, la que aparentemente nadie dirige y por eso nos entusiasma. Seguro que no resultaría tan interesante para el espectador, pero no desmerece en cuanto a pasión, y además es en color.

(Abro paréntesis de nuevo. Creía haber terminado el relato, pero me he quedado con ganas de decirte algo más. Se trata de una breve reflexión que me gustaría compartir contigo y que expongo a continuación a modo de epílogo).

Epílogo

Leer, lo mismo que ver buen cine, resulta emocionante. Ambas actividades constituyen una experiencia, además de una huida necesaria: vivir la vida de otros a través de las letras y las imágenes. Pero te pido que no olvides tener en gran estima la tuya, porque, aunque a menudo pueda parecerte insustancial y rutinaria, si miras hacia atrás y en tu rostro se dibuja aunque solo sea una medio sonrisa y experimentas cierto asombro, significará dos cosas: una, que todavía sigues aquí –solo por ello, por lo que se te ha dado y por lo que dejaste atrás, hay que sentirse agradecido– y otra, que has leído la versión abreviada de tu vida escrita en un Post-it y parece que tampoco te ha ido tan mal.

Por último, no olvides subir de vez en cuando a una azotea: se adquiere perspectiva.

NO PASA NADA

—Pues yo, sinceramente, pienso que las cosas nunca son blancas o negras. Hace ya mucho tiempo que no creo en ángeles ni en demonios. Hay un montón de factores que rodean los hechos y que se nos escapan. Lo que ocurre es que tendemos a simplificarlo todo para obtener una explicación rápida y, sobre todo, para poder emitir un juicio fácil, algo que nos pone un montón. —Ana resopla tras depositar con esfuerzo sobre la mesa la fuente con el pescado recién salida del horno. En su inclinación muestra el nacimiento de sus senos escasamente cubiertos por un blando y sugerente sujetador negro y Alberto no puede evitar fijarse en su lencería e imaginar cómo será esa delantera en todo su esplendor. Efectivamente, las cosas no son blancas ni negras, salvo el sujetador de Ana, con el que Alberto la imaginará hasta la próxima escena susceptible de generar una nueva fantasía. Tras desenfundarse el mitón estampado en flores de colores, posa sus pupilas en las de Alberto y esboza una tenue sonrisa subiendo una de las cejas que le hace sonrojar.

—¡Jaime, ya puedes sacar el vino de la nevera! —alza la voz de vuelta a la cocina, cruzándose en el pasillo con Marta, la mujer de Alberto, que se acerca perneando con pasos contundentes que resuenan como el bombo de una procesión acelerada, debido en parte a sus gruesos zapatos de cordones de marcado estilo monjil. Porta una jarra con agua de la que no aparta los ojos, pendiente de no derramar su contenido.

Esto le permite a Alberto fijarse en el trasero de Ana, que oscila de un lado hacia otro en perfecta sincronía con el contoneo de sus caderas, tratando de adivinar el resto de su ropa interior.

—¿Qué tal? ¿Necesita algo más el señorito? —pregunta con sorna Marta de manera que resulte audible para el resto del personal.

—¡Dejadle tranquilo al hombre! ¡Entre tanta clase y tanto congreso también necesita parar un poco! —tercia Jaime, mientras deja la botella de vino en la mesa—. Esto se llama solidaridad de género, y no te creas que lo hago con cualquiera —concluye en voz baja guiñándole un ojo.

Ana viene de nuevo taconeando y se apoya en el hombro de Alberto para tomar asiento, apretándolo suavemente en un ademán afectivo que él agradece. Ana piensa que Alberto es un hombre gris a pesar de su ácido sentido del humor, que nunca le abandona pero que solapa una amargura que subyace de manera indisimulable. Frente a ellos se ubican Marta y Jaime en perfecta simetría, hombre frente a hombre, mujer frente a mujer. Nunca se sientan hombre frente a mujer o viceversa, y Alberto lo prefiere porque entraría en lo más profundo de los ojos de Ana con lo más hondo de los suyos, porque se introduciría en su boca. Habría ocasiones en los que no podría evitar hablarle solo a ella, utilizar su ingenio y sus encantos, que todavía permanecen, aunque casi sin uso debido a su relación con Marta, carente de complicidad. Si provocase una sonrisa, no digo ya una carcajada, de Ana, sería una cura en su vanidad masculina, herida de gravedad por la artritis sentimental que padece y necesitada de cuidados paliativos para no morir en un proceso de parálisis degenerativo e irreversible. Hacer reír a una mujer guapa e inteligente equivaldría a recibir una sesión de fisioterapia en su contracturado ego. En definitiva, tratan de hablar en grupo o divididos por sexos, mejor así.

–Está en su punto, doce grados y medio –informa Ana con satisfacción tras comprobar el termómetro digital que rodea el cuello de la botella del Cloudy Bay Sauvignon Blanc 2016.

–Voy a servir el vino; para que luego digáis que no hago nada... Sirvo el vino, os amenizo y enriquezco con mi inteligente charla... ¿Os parece poco? –Alberto dirige su mirada hacia la de Marta, quien le devuelve otra igualmente seria, aunque enmarcada en una sonrisa resultado más de un ejercicio de gimnasia facial que de expresión emocional.

–...Como os iba diciendo antes, no todo es blanco o negro. –Cuando Ana pronuncia la palabra negro, Alberto no puede evitar surcar de nuevo el canal de su escote–... y no olvidéis que solo hemos escuchado una versión, la de él, para ser más precisos, que obviamente no va a hablar bien de su exmujer... A mí me gustaría saber qué piensa ella; seguro que nos daría una perspectiva muy distinta del tema.

–¡Huuumm! ¡Este vino está de puta madre! –exclama Jaime chasqueando la lengua, pendiente pero no lo suficiente de Ana, de cuya expresión corporal, especialmente de su boca, no puede apartarse Alberto ni un milímetro. Otra vez su boca, entreabierta, amplia y hermosa, con su sonrisa húmeda, a diferencia de la de Marta, pequeña y con los labios apretados como dos líneas paralelas trazadas a lápiz, impertinente por sí sola, fabricada para emitir correcciones y aburridos lugares comunes; el agujero por el que se manifiesta su estrechez mental.

–Yo sirvo el pescado, tiene una pinta estupenda...

Marta siempre sirve, es como la madre perenne. De hecho, de niña no ejerció de hermana, sino de madre de sus tres hermanos varones, ya que la suya no hacía otra cosa que embarazarse, parir y gritar. Y lo sigue siendo: en la casa, en visita, en la cama... Ella nació madre y ejerce como tal. Da igual de qué obra se trate. Representa el mismo papel. Cuando llegas a casa te recibe como una madre, se preocupa obsesivamente de tu alimentación, elige y te compra ropa como una madre, se dirige a ti en un tono exasperantemente infantil y, cómo no, ella no hace el amor, tampoco folla, sino que cuando toca, se pone y te deja, concibiendo el sexo como un hecho biológico, ni siquiera como un acto animal, como haría una madre y no una amante.

Marta sirve primero a Jaime en su condición de hombre de la casa, como cumpliendo un mandato ancestral. Le cae bien Jaime. Aunque le parece un hombre básico, es una buena persona que quiere y cuida de su familia. Luego sirve a Alberto, a Ana, y por último se sirve ella.

—Lo que quiero decir es que no nos podemos quedar en que se ha largado de casa y ya. Todo tiene un proceso, cada persona es un mundo y, si me apuras, cada ser humano es un proceso en sí mismo. Todo es un efecto de una o de muchas causas que en ocasiones ni los propios protagonistas tienen identificadas.

—Eso es verdad... —vocaliza con dificultad Jaime, terminando de masticar un bocado— ...cada uno es cada uno y tiene sus cadaunadas...

—Repito, hace ya mucho tiempo que no creo ni en ángeles ni en demonios. Además, una mujer no abandona a su marido, así como así —finaliza Ana dando pie a la participación de Alberto, que ha estado escuchando atentamente y en silencio.

—...Y un hombre sí, un hombre abandona a su mujer porque sí. Detrás de la decisión de una mujer hay una o múltiples razones a las que ha llegado tras profundas reflexiones. Los hombres, en cambio, no hemos evolucionado, somos una mera traslación, perdón, una teletransportación del *Homo erectus*, que actuaba por los impulsos que le dictaban sus instintos. Vamos, que hemos viajado directamente desde el Pleistoceno inferior hasta el bar de abajo. —Ana le mira y se sonríe, Jaime suelta una sonora carcajada y Marta ofrece un gesto que transmite algo cercano a un «debe ser muy ingenioso, pero no termino de verle la gracia; a lo mejor es que no lo entiendo».

–Sabes que no voy por ahí. Lo que quiero decir es que hablamos muy a la ligera de la vida de los demás sin conocerla.

–Hablando en serio, estoy plenamente de acuerdo contigo –contesta Alberto–. Creemos que conocemos a los demás, cuando lo único que hacemos es sacar conclusiones partiendo de la información que deducimos, ni siquiera basándonos en la que realmente tenemos, que es escasa, más aún cuando hablamos de lo que ha podido suceder en una relación de pareja.

–Es verdad –contesta Jaime mientras colma su copa y la de Alberto– ...pero ¿y lo aburrido que sería todo si no chismorreáramos? Lo único que tengo claro es que él es un tío la mar de triste, de esos que hablan como si tuvieran un enanito invisible tirándoles de las pelotas.

–La verdad es que no tenemos ni idea de lo que ocurre de puertas adentro en una relación de pareja, creo que no sabemos casi nada, en ocasiones ni siquiera de la nuestra –dice Alberto, mientras percibe cómo Marta baja la mirada; siempre lo hace cuando él se pone profundo porque no quiere seguirle, no quiere escarbar. Tiene miedo de llegar al núcleo de algo que no son capaces de comunicarse uno al otro hace ya mucho tiempo, escondidos bajo una estructura de costumbres sincronizadas y un catálogo cada vez más cansino de protocolos cotidianos que lo tapan todo.

Ana concentra su mirada en el cestito, del que coge un trozo de pan de centeno con semillas de lino. Trata de disimular, porque asocia la idea que acaba de compartir Alberto con la imagen de Marta rompiendo a llorar dos semanas atrás. Habían quedado para ir de compras y tomar un café, y ella le preguntó: «¿Qué tal estas?». Marta, que había perdido la costumbre de hablar porque ya tenía bastante con la algarabía ensordecedora que había tomado su cabeza y que nadie más conocía, no pudo evitar desnudarse ante ella o, mejor dicho, se sintió ya desnuda y vulnerable, y mucho más después de escuchar de boca de Ana lo que se divertía con Jaime y lo gratificante que seguía resultando el sexo con él después de tantos años de casados. Fue entonces cuando Marta le contó, entre sonoros hipos y sollozos, que había conocido a alguien. El silencio de Ana facilitó la estampida verbal de Marta. Le contó que era alguien especial, cariñoso y detallista, distinto a todo lo que había conocido hasta ahora. Que reían juntos —sí, la risa compartida, esa manera de revolcarse sin sexo había entrado en su vida rompiendo de una patada el cerrojo de su celda—, la trataba con respeto y estaba pendiente de ella haciéndole sentir alguien importante por primera vez desde que tenía uso de razón. Le contó que entre ellos había surgido una pasión como nunca jamás había vivido. Que creía haber encontrado a la persona que estaba buscándola. Que se sentía mal, confusa y sucia, viviendo en la ocultación y la mentira, pero que por otra parte nunca podría arrepentirse de algo tan auténtico a pesar de la clandestinidad. Le contó que lo más duro había sido no sentir pérdida alguna, el no haber podido evocar algo semejante, no ya relacionado con Alberto, sino a lo largo de su existencia, que valiera la pena conservar. Buscaba y no encontraba ni un puñado de recuerdos lo suficientemente consistentes para ser rememorados y agarrarse a ellos de forma que desplazaran su ilusión a un segundo nivel. Y lo peor es que había descubierto que esa sensación no era más que la consecuencia de no haber tenido nunca nada propio: el vivir por y para los demás como principio había constituido su final. Su referencia vital había sido el sentido común —un concepto encubridor de la necesidad de agradar a todo el mundo en una búsqueda mendiga de reconocimiento y afecto– y no el sentido propio. Le contó que había dos personas, la Marta callada, sumisa y controladora, y la Marta rebelde, expresiva y explosiva. Ambas habían decidido habitar dentro de su cuerpo y de su mente, y le estaban destrozando con su constante pelea y falta de aceptación de la una hacia la otra. No sabía cuánto tiempo más iba a poder soportarlo. Le preguntó que cuándo se acababa la culpa y ella le contestó que no tenía respuesta para esa pregunta. No fue capaz de decirle lo que pensaba de verdad; que toda su vida había sido obediente y cumplidora hasta el extremo de que su infidelidad era lo único que podría salvarla. Optó por abrazarla y susurrarle al oído que no podía seguir así más tiempo y que se merecía ser feliz.

Ana y Marta se conocen desde el colegio. Ana estudió turismo. Cansada de las interminables jornadas de pie como azafata de stands en ferias de promoción y venta de todo tipo de productos, y de hacer de guía en agotadores viajes organizados, invirtió todo el dinero que había ahorrado en montar una pequeña empresa de venta *on line* de productos *gourmet*. Comenzó sola en un diminuto despacho alquilado con un ordenador, una impresora y un teléfono. Hace poco ha inaugurado una tienda de calle, con su rótulo y su escaparate, cuenta con dos empleados a su cargo y tiene la perspectiva de abrir un segundo establecimiento. En uno de sus viajes conoció a Jaime, el conductor del autobús que los llevaba desde Madrid a París haciendo noche en Biarritz. Se miraron. A Ana le gustó porque le ponía de buen humor; hacía que su cansancio pasara a un plano secundario. Era alguien en constante búsqueda de causas de alegría dotado de la habilidad de descubrirlas en los acontecimientos más insignificantes; tomar un simple café con leche en un bar de carretera se tornaba en un acto consciente e irrepetible de disfrute y agradecimiento. Jaime, por su parte, pasó de mirar con curiosidad los lugares por los que pasaba a ver en ellos rincones en los que imaginaba sin pretenderlo cómo sería su vida con Ana. A los pocos meses estaban viviendo juntos y, cuando Ana quedó embarazada de Sandra, decidieron casarse.

Marta tuvo la oportunidad de estudiar Magisterio una vez que sus hermanos crecieron y la aprovechó, pero sin la más remota intención de dedicarse algún día a la enseñanza. Acostumbraba a decir que ya había tenido que aguantar a tres niños y que de tener que soportar a alguno más sería a los suyos. Lo que buscaba era la distinción social que le otorgaba el hecho de tener un título. Su objetivo como mujer, tal y como le habían inculcado desde la infancia, era realizar las tareas del hogar y el cuidado de su marido y de los hijos que nunca tendría. Un día se enteró por una vecina, cuya sobrina estaba haciendo prácticas en la universidad, de que un señor muy distinguido, un catedrático de Economía ni más ni menos, andaba buscando una mujer de confianza, limpia, discreta y educada, que pudiera encargarse de la casa y cuidar de su anciana madre con la que vivía. Alberto la entrevistó y no dudo en contratarla, ya que cumplía con todos y cada uno de los requisitos exigidos. Cuando su madre falleció, Marta siguió ocupándose de la limpieza, la comida y la plancha. Pasaron los años sin que hubiera un día en el que no charlaran; se buscaban, no se desagradaban y a ambos les comenzaba a apesadumbrar la visión de los previsibles escenarios en los que sus respectivas soledades iban a desempeñar un papel protagonista. Por ello no fue difícil llegar a un acuerdo de convivencia que finalmente adoptó la forma de matrimonio. Ana es la única persona en la que Marta confía.

La velada fluye aderezada con sonidos de éxtasis sensorial motivados por el saboreo de la exquisita lubina al horno con limón, ajo negro y perejil, patatas panaderas y cebollitas francesas, maridada con el vino perfecto a la temperatura idónea. Jaime y Marta hablan de comida e intercambian trucos culinarios y recetas. Alberto y Ana, de la región de Marlborough, al norte de la isla Sur de Nueva Zelanda; de sus maravillosos y verdes paisajes que ambos desconocen aunque han oído o leído algo acerca de ellos y de los que procede el Sauvignon; de su color pajizo y su equilibrado sabor a citronela con un leve toque de hierbas dulces. Ana y Jaime evitan hablar de Sandra, que disfruta de una beca Erasmus en su último año de carrera. Evitan hablar de la emoción que les generan sus sueños juveniles. Evitan hablar de que la adoran e irán a visitarla a Róterdam esta Semana Santa para hacer junto a ella un tour por los Países Bajos. Evitan hablar de sus propios proyectos, con y sin ella, y de lo que comparten.

–Voy un momento al baño; preparaos para la tarta de zanahoria de Marta, que no es cualquier cosa.

Alberto entra en el baño. (Acelera, Alberto, o tu tardanza, si no hay defecación, generará preguntas a las que habrá que dar respuesta.) En el hueco entre el plato de la ducha y la taza del váter, como siempre ha sido en esa casa, está el cesto de la ropa sucia y, aunque se ha prometido no volver a hacerlo (Alberto: es la mujer de tu amigo y después te sentirás mal, vacío, para ser más preciso), busca con rapidez unas bragas de Ana. Pero en esta ocasión solo encuentra varios pares de calcetines y un calzoncillo bóxer de Jaime adornado con una flagrante zurraspa. Cierra de nuevo el cesto (al ser de plástico y no de mimbre, no cruje, a diferencia del que tienen en casa de Amanda y Luis, cuya manipulación resulta comprometedora) y se masturba de manera enérgica. Dirige la eyaculación hacia el interior del inodoro. Se limpia el glande y la mano derecha con papel higiénico. Tira de la cadena sin perder ni un segundo y casi simultáneamente abre el grifo del lavabo echándose un poco de jabón con aroma a melocotón del aplicador. Se seca las manos con celeridad y las desliza centímetro a centímetro por la camisa; el pecho, la tripa y las mangas. Se dobla hacia delante y hace la misma operación a lo largo del pantalón, desde la cintura hasta los tobillos (Alberto: el problema no es lo que haces, esto es solo una consecuencia. Quieres parar, pero no puedes. Alberto, necesitas ayuda), no vaya a ser que reaparezca a los postres con algún resto de semen fuera de control. Bien. Ha tardado el tiempo que normalmente se emplea en hacer pis y lavarse las manos, y se habrán escuchado los sonidos que acompañan a estas acciones: tapa de váter, cisterna, grifo, toallero y puerta, en una secuencia acústica coherente. Ningún motivo para la sospecha. Recupera el rictus de invitado satisfecho y vuelve a la mesa.

—¡Vaya obra de arte! ¡Qué pedazo de mujer tienes, bribón! Yo estaría aún más gordo si Ana cocinara.

—¡Oye, que yo hago ya de todo, lo que pasa es que lo mío no luce tanto! Pero ¿quién pone las lavadoras, plancha la ropa, cambia las sábanas, y sobre todo... ¿quién va a fregar la fuente del pescado? —Todos ríen al unísono por primera vez durante la noche—... Además, no estás gordo; necesitas calorías para cuando te toca conducir de madrugada, que ya no eres un chaval.

—Tienes tooooooda la razón, cariño. Si es que eres lo mejor. ¡Te quiero! —Jaime estira el brazo y coge la mano de Ana, para después besarla con una delicadeza impropia de alguien en apariencia tan bruto. Ella responde lanzándole un beso que a Alberto ya no le interesa observar en detalle, una vez descargada su frustración, sus históricas carencias afectivas y la tensión sexual resuelta en el baño hace apenas unos minutos. Alberto observa a Marta. Entre sus sentimientos hacia ella se encuentran el odio y la culpabilización de todo aquello que no ha conseguido por su propia cobardía. Una noche, hace bastantes años, le reprochó a ella su falta de apoyo para haberse ido a vivir juntos durante una temporada al extranjero, en concreto a la Universidad de Virginia, si finalmente él optaba a aquella plaza de profesor para cuya designación contaba con suficientes méritos e incluso una expresa recomendación del rector. Marta le contestó con un: «No me hagas responsable de tus fracasos, yo no te responsabilizo a ti de los míos. Siempre has sido un pusilánime». Él, el honorable catedrático, ilustrado lector de literatura comprensible solamente por una minoría selecta de cerebros, y ella, ama de casa cuya orgía intelectual consistía en charlotear con los tenderos del mercado, no perderse ni un episodio del culebrón de las tres y media e ir al gimnasio con el resto de las marujas de la zona, pero que había empleado el término que lo definía con una precisión absoluta. Ambas cosas, el significado de esa palabra, junto con el hecho de que fuera ella su emisora, le jodieron en el alma.

Alberto observa a Marta. A pesar de la distancia entre ellos, la cree conocer o, mejor dicho, cree que lo que antaño creía conocer no ha cambiado. Pero está rara, ausente, ya no se alarma cuando él se mancha la ropa durante la comida o cuando cualquier objeto está fuera del sitio preestablecido. Incluso últimamente ha llegado a olvidar la realización de ciertas tareas que nunca antes había descuidado, como lavar las cortinas cada tres meses o limpiar el parqué una vez cada quince días con agua y vinagre. A pesar de la condescendencia con que la percibe, el sentirla extraña, siendo una persona tan simple y previsible, le provoca cierta angustia.

Toman la tarta y Jaime la acompaña con un licor de hierbas que los demás rechazan: Alberto porque tiene que coger el coche, Ana porque ya está suficientemente chispada y Marta porque no bebe y solo toma media copita de vino muy de vez en cuando, aunque esa noche se haya bebido dos. Charlan un rato, pero se ha hecho tarde y tanto Marta como Alberto saben que ha llegado la hora de recogerse. Ya han preparado el terreno para la marcha con comentarios acerca del cansancio acumulado a lo largo de la semana y algún que otro bostezo mal disimulado. En el tránsito de la mesa del comedor hacia el salón, en ese breve trayecto, se encuentra el momento de virar hacia el recibidor para iniciar la retirada, porque ya no tienen mucho más de lo que hablar. De no irse, Jaime se tomará un par de copas más y saldrá a relucir su humor chocarrero que tanto los incomoda y, además, le encanta pinchar en su viejo tocadiscos los vinilos de su preciada colección de blues y *rock and roll*, su gran pasión, y tanto a él como a Ana les da por bailar hasta altas horas de la madrugada y, con su mejor intención los presionan para que se suelten y bailen también, y los obligan a descontrolarse, algo que no acostumbran a hacer en público.

CONTIGO

Salimos del ascensor. El olor a pintura y a barniz procedente del interior de la vivienda llegaba hasta el descansillo. Mi padre giró la llave y empujó la puerta, pero algo ejercía presión desde dentro en sentido contrario. Mi gato Ezequiel se revolvía nervioso, encerrado en el trasportín.

—Qué raro, ayer abría perfectamente —afirmó con extrañeza mi padre.

—¿Has dado doble vuelta, cariño? —contestó mi madre, empleando un tono de amable desconfianza.

—Claro. Los obreros han debido de dejarse algo dentro que está taponando la entrada. ¡Ahora sí, ya está! Qué curioso, no hay nada... Bueno, ¡cosas de las casas nuevas! —proclamó con entusiasmo, sin darle mayor importancia.

El suelo brillaba y las paredes eran de un blanco impecable a la espera de colgar los cuadros, amontonados en el salón envueltos en papel burbuja. Abrimos el trasportín para que Ezequiel pudiera abandonar su confinamiento, pero permaneció inmóvil. Tenía las pupilas dilatadas y no hubo manera de hacerle salir a pesar de nuestras reiteradas llamadas y de tentarlo con el ofrecimiento de varias de sus golosinas favoritas.

—Dale un poco de tiempo, son muchos cambios también para él; además ya sabes que los gatos son imprevisibles —justificó mi madre, quien siempre encontraba alguna explicación lógica para todo.

Corrí por el pasillo hasta llegar a mi cuarto. Era una estancia amplia, a pesar de estar tomada por dos columnas de cajas de cartón apiladas e identificadas con letreros escritos con rotulador rojo que indicaban escuetamente su contenido. Un frente de armarios hasta el techo lacados en blanco ocupaba toda una pared. En el lado opuesto había una mesa de estudio con una silla a juego encajada en su hueco y cubierta con un plástico. Perpendicular a ella se encontraba mi cama. Me asomé a la ventana colocando las manos a modo de visera para evitar que mi reflejo me impidiera contemplar la calle con el trajín de transeúntes y coches. Sentí que alguien me observaba. Me giré creyendo que sería mi madre, siempre silenciosa en sus desplazamientos y en consecuencia especialista en sorprenderte mientras estabas haciendo algo que no debías. Pero estaba solo. A los pocos segundos, mi padre irrumpió en la habitación alborozado y todos fuimos a comer a un restaurante para celebrar la inauguración de la casa nueva.

Recuerdo la primera noche que pasé en ella. Cuando me acosté, nada más apagar la lamparita de la mesilla de noche percibí de nuevo su presencia. No sentí miedo, no había motivo para ello. Ni siquiera fue necesario acostumbrarnos el uno al otro; desde el primer momento fui consciente de que ambos constituíamos algo nuevo y diferente a cualquier experiencia vivida anteriormente. Desde entonces, todas las madrugadas permaneció agazapado debajo de mi cama. Ezequiel era el único que podía verlo; y por esa razón nunca entraba en mi habitación. Como máximo, esclavo de su curiosidad felina, se aproximaba con prudencia hasta la entrada del dormitorio y, con el lomo erizado, le observaba bajo el quicio de la puerta.

Transcurrieron los días, los meses y los años. Despertar, levantarse, ir al colegio, la merienda, los deberes, la ducha, cenar con mis padres... y dormir a su lado. Solo nos separábamos durante el verano, cuando nos íbamos a la playa toda la familia, o cuando nos marchábamos de viaje de manera esporádica algún puente o fin de semana. Pero nos esperábamos, porque los dos habíamos aprendido lo que significaba formar parte de algo único, como un sentimiento más íntimo y profundo que la mera coexistencia. Necesitábamos cada uno la compañía del otro y la encontrábamos reconfortante y motivo de tranquilidad, algo que paliaba en silencio la soledad y el miedo a las tinieblas que invaden la nocturnidad y en ocasiones los sueños durante la vida de un niño. Todo cambió, sin embargo, cuando un buen día mis padres anunciaron que en un par de semanas nos mudaríamos a un piso nuevo, con garaje y piscina, más grande y confortable.

La última noche antes de dejar la casa, como de costumbre me arropé y apagué la luz. Al instante noté que se asomaba a la altura de la almohada, como no había hecho nunca desde que nos encontráramos. El golpe seco de mi cráneo contra el suelo, seguido de los bufidos de Ezequiel, sobresaltó a mis padres, quienes acudieron corriendo a mi habitación, colmándola del eco de sus gritos. Entonces cogió mi mano y ambos contemplamos mi cadáver, que nos miraba con sus ojos de pez.

Ezequiel fue sacrificado y actualmente el piso se encuentra vacío a la espera de la llegada de un nuevo amigo junto al que descansar.

MI PERRO GENARO

El abuelo Genaro solía decir que no entendía para qué organizó Dios el tinglado del diluvio universal si luego cometió el error de dejar con vida a una familia. A mi madre la llamaba «la Santa Zorra» y a mi padre «Rodolfo». En el primer caso, se trataba de un apodo claramente ofensivo hacia su hija en respuesta al desprecio con el que esta lo trataba, pero en el segundo desconocía el sentido de dicho apelativo, ya que el verdadero nombre de mi padre era José Carlos. Uno y otro me explicaron que no había que hacerle ni caso porque padecía demencia senil y se le estaba yendo la cabeza.

Mi abuelo era un hombre bueno y honesto. Fue alguien muy importante para mí, porque no solo era el único que me escuchaba en aquella casa, sino que además tenía en alta consideración mi opinión sobre las cosas de la vida. Afectado de cataratas en los dos ojos, no pasaba un día sin que me pidiera que le leyese, algo que yo hacía con satisfacción al observar cómo se deleitaba con cada frase, disfrutando como otro niño de esos mágicos momentos de intimidad que habíamos construido solo para nosotros. Ambos nos profesábamos auténtico afecto, mientras que mis progenitores nos ignoraban por completo, sin que la relación con ellos fuera más allá del mero suministro alimenticio y los clásicos reproches cotidianos por motivos de orden y limpieza.

Aquel día, como cada mañana antes de ir al colegio, entré en su habitación para despedirme de él y recibir la pequeña asignación que me entregaba cotidianamente a cambio de mi labor de apasionado lector. Fue entonces cuando retuvo mi mano entre las suyas y me dijo que tenía que encomendarme una misión de vital importancia. Una vez que falleciera tenía que darle un par de punzadas con un alfiler para comprobar que estaba realmente muerto y así evitar que lo sepultaran vivo, idea que le obsesionaba sobremanera desde que unos años atrás le leyera el cuento titulado «Entierro prematuro» de Edgar Allan Poe. Al terminar la explicación, antes de entornar la puerta, sonrió y me dijo con una serenidad inquietante: «Cuando algo viejo muere, deja sitio para algo nuevo. Sabes lo que acaba, pero no lo que comienza»

Esa misma semana, mi abuelo falleció. En cuestión de días se consumió como la cera de una vela. En el tanatorio, las personas que acudieron a mostrar sus condolencias, tras unos instantes de forzadas pantomimas simuladoras de duelo, terminaron hablando como loros de cualquier banalidad, ajenos a mi estado real de soledad y abandono. Incluso en ocasiones silenciaron algunas risas, cuyo eco provocaba en mí un intenso odio y un deseo de agredirlas que no tuve más remedio que reprimir. En varias ocasiones se acercaron a mí reproduciendo frases como: «es ley de vida», «ha cumplido su ciclo vital» o «lo importante es que no ha sufrido», observaciones manidas que no me aportaban nada ni atenuaban ni un ápice mi pena. Llegó el momento y, aprovechando que los presentes se tiraban en plancha sobre una bandeja de sándwiches recién traída por los encargados de los servicios funerarios para soportar la infinita duración del acto, no dudé en entrar en la sala de velatorio y aproximarme al féretro en el que yacía expuesto el cuerpo del abuelo Genaro. Tenía las manos cruzadas sobre un crucifijo de madera, a pesar de haber declarado abiertamente su ateísmo en varias ocasiones, y el rostro iluminado por dos lamparitas led situadas a ambos lados de su cabeza que proyectaban sobre él una luz azulada, como si estuviera dándose una sesión de rayos uva para presentarse bronceado ante san Pedro. A pesar de que él realmente ya no estaba allí, de que eso ya no era mi abuelo, cumplí con su voluntad y le asesté varios pinchazos en la bolsa escrotal, tal y como me había indicado expresamente. Mi madre apareció por detrás y me soltó un sonoro pescozón antes de chivarse a mi padre, quien esa misma noche me propinó tal azotaina que estuve sin poder sentarme una semana. Recuerdo que era tal mi tristeza mientras me atizaba que no sentí dolor alguno.

Con el tiempo me enteré de que mi madre se tiraba a todo el vecindario menos al portero, porque era automático, y que en el barrio mi padre era popularmente conocido como Rudolf, igual que el reno alfa de Santa Claus, y no precisamente por sus briosas galopadas a través de las constelaciones, sino más bien por su llamativa cornamenta ramosa.

En lo que respecta a mí, el abuelo me dejó en herencia una más que respetable suma de dinero cuya existencia desconocíamos y un confortable apartamento que había adquirido en secreto unos años atrás y puesto a mi nombre poco antes de morir. El mismo día en que cumplí los dieciocho me emancipé y es ahí donde vivo en compañía de mi perro, un chucho despeluzado que recogí de la calle muerto de hambre y frío. Dicen que son los más listos. Le puse de nombre Genaro, en homenaje a mi abuelo. Cuando me mira, me habla; de hecho, no sabe mirar sin hablar, como él. Vais a pensar que estoy chalado, pero tengo la sensación de que mi abuelo permanece en sus ojos, de que no se ha terminado de marchar. Cuando lo abrazo, da unos sonoros golpes de rabo contra el suelo; creo que es su manera de decirme que debo respirar tranquilo porque ahora vivo en un lugar donde todo está bien. Resulta muy triste cuando las personas a las que amamos y que nos aman se marchan antes que nosotros. Ya que no hay más remedio que aceptar esta realidad, por lo menos deberían permitir que nuestros perros murieran a la vez que nosotros. Sería un bonito detalle de la vida para con la muerte y viceversa, ya que, al fin y al cabo, se puede decir que ambas son compañeras de viaje, y de paso se acabaría con la soledad de la gente mayor, bueno, y con la de todos.

Actualmente me dedico a visitar a los viejos que están solos; no hago gran cosa, simplemente los acompaño, les escucho y les leo. Seguro que mi abuelo se siente orgulloso de su nieto, allí donde se encuentre.

ASÍ ES LA VIDA

Antes, hace no muchos años, era exageradamente atractivo: melena rubia, ojos azules, cuerpo musculado, insultantemente guapo... Pero resultaba un problema: no podía salir a la calle sin que mujeres, hombres e incluso algunos animales me acosaran. Añoraba una vida normal: que me quedara mal la ropa, saber qué se sentía si te rechazaban... Lo que le pasa a todo el mundo. De modo que decidí acudir a la cirugía. Fueron necesarios varios especialistas para estudiar mi caso. Finalmente se decidieron por un cambio radical de rasgos, unas cuantas lipoinyecciones aquí y allá, y algunas dioptrías de más. Tuve que soportar varias operaciones, pero resultó todo un éxito. A veces pienso que se pasaron un poco, pero sin duda desde entonces vivo mucho más tranquilo.

ELÍAS HERRERO GALÁN

DE UNIFORMES, TORTILLAS, TEBEOS Y ASIENTOS DELANTEROS

Hoy no he ido al colegio. Me he quedado con mi madre. Cuida de mí y de mi hermano, que todavía vive en su tripa y al que conoceré dentro de tres meses más o menos. Me ha dejado ver la tele recién levantado sin tan siquiera haber tomado el Cola Cao. No sabía que mi casa y la calle que pasa por delante de ella fueran unos lugares tan silenciosos. En pijama y bata he visto a un señor con expresión muy triste, acentuada por el blanco y negro de la imagen televisiva, que ha anunciado con voz titubeante la muerte de Franco. Trato de imaginármelo y lo recuerdo siempre de uniforme, por lo que deduzco que le obligaban a llevarlo hasta que se murió, y quizás sea esa la razón por la que solía estar tan serio. Sobre un platillo blanco, el señor que habla tiene un vaso de agua medio lleno, del que ha bebido un par de sorbos casi al final del discurso. Ayer debió de cenar una tortilla, pero me da que le pusieron poco jamón porque no tiene demasiada sed. Habla mucho de Dios y de los enemigos de la patria, pero no dice cómo se llaman estos últimos. Yo tengo muy claro quiénes son los míos; los de cuarto curso, que nos echan de las porterías y no nos dejan jugar al fútbol, además de quitarnos el bocadillo de las once, sobre todo cuando es de chocolate. El peor de todos es Sandro, el más abusón, que también tiene las orejas de soplillo, como el señor de la tele. Sole se ha asomado a ver la televisión; es la primera vez que le veo hacer algo así desde que entró a trabajar como interna, y permanece de pie bajo el arco de la puerta del salón ataviada con un delantal a cuadros verdes y blancos. Mamá le ha dicho que venga con nosotros al sofá y ella se ha sentado en el borde del reposabrazos, tensa, como si fueran a dar el pistoletazo de salida y estuviera a punto de salir corriendo. Me he recostado sobre mi madre y ella me ha rodeado con su brazo. El señor ha sacado del bolsillo interior de su chaqueta un sobre enorme y de él una carta que ha desdoblado y leído entre sollozos. Estaba realmente triste. Mi madre y Sole, en cambio, tenían cara de susto, parecida pero distinta a cuando me perdí en el mercado y me encontraron dentro del puesto de Antonio, que me enseñó a descuartizar un conejo muerto después de sacarle las tripas, motivo por el cual aquella noche tuve un montón de pesadillas.

El día de ayer

Ayer fue un día raro; muchos de mis amigos no fueron al colegio. «...Queda suspendida la actividad docente y durante el horario de las clases está permitido permanecer en el patio y practicar juego libre. Se mantienen los turnos del servicio de comedor...». Una explosión de alegría de todos los niños agrupados en el aula grande y que fue sofocada por los chistidos de don Matías, el profesor más viejo, siguió al anuncio del director emitido desde el altavoz situado encima del encerado. A la hora del recreo nos dieron un bocadillo de salchichón con mantequilla que estaba buenísimo y jugamos al rescate chicos contra chicas. Tomás se volvió a caer y se raspó las rodillas, que le sangraban como los ojos de la imagen de la Virgen que habían encontrado en una iglesia de un pueblo de no sé dónde y que contaron el otro día en el Telediario. Don Anselmo, que estaba ese día cuidando el patio, lo llevó al botiquín y lo curó con agua oxigenada y mercromina.

Aunque lo que realmente le preocupaba a Tomás no era la herida, sino la bronca que le iba a echar su madre por haberse roto el pantalón gris del uniforme ese tan feo que nos hacen llevar. Y es que era el segundo pantalón que se cargaba en apenas un mes de clase. Los demás llevamos cosidas rodilleras azul marino, a juego con el jersey de pico, pero es que la madre de Tomás, por lo que cuentan, es la mujer de un alto cargo del estado, y es muy fina y dice que su hijo no va a llevar esos parches que son de pobre, que parece como si no tuvieran para pantalones, pero la verdad es que luego se enfada muchísimo cada vez que tiene que comprarle unos nuevos. Nadie la conoce porque a Tomi —así le llamamos— viene a buscarle la tata, que parece estar siempre enfadada. Sale de un coche negro larguísimo si lo comparo con el Seiscientos verde de mi padre, y mis amigos y yo creemos que está así porque la obligan a seguir llevando uniforme, como a nosotros, pero ya de mayor. La verdad es que el chófer también es un tipo serio, aunque menos, quizá porque a pesar de que tiene que vestir de uniforme, el suyo es marrón oscuro con botones dorados y gorra de plato; mucho más elegante. El de la tata es blanco y negro, como el traje del señor de la tele, pero lleva una cosa muy aparatosa en la cabeza parecida a la pantalla de una lámpara, y nos da que no debe de hacerle mucha gracia ponérselo. Bueno, a lo que iba, después de comer tuvimos recreo hasta las cinco y media, que es la hora a la que normalmente salimos de clase. Los suertudos que viven cerca se fueron a casa andando con sus hermanos mayores o les recogió su madre. En mi caso, como vivo en el quinto pepino porque acabamos de mudarnos, me ha llevado la ruta, aunque hoy he ido prácticamente solo. Soy de los primeros que recogen por la mañana, pero también de los últimos que dejan entrada ya la tarde. Como dice el padre Manuel, el profe de religión, «los últimos serán los primeros...», aunque en mi caso es justo al revés. Atrás iban tres de Quinto cambiando cromos y en los asientos de en medio una niña de Sexto con gafas y aspecto de empollona con la que nunca he hablado. He saludado a Domingo, que no se parece en nada al chófer del coche de Tomi. Mingo, como le llamamos, es muy bromista, siempre lleva la misma ropa gastada y fuma Bisontes; echa más humo por la boca que el tubo de escape de su autobús. Dicen que estuvo en la cárcel, pero a mí me cae muy bien y hubo un día en el que no pudo venir la cuidadora porque se puso enferma y nos dejó armar toda la bulla que quisimos. Hoy se le veía la mar de contento. Al pasar a su lado me ha susurrado al oído algo así como que la libertad estaba de vuelta. No he entendido muy bien lo que ha querido decirme porque la verdad es que, si me porto bien, digo siempre la verdad, estudio, saco buenas notas y me acuesto a mi hora, mis padres me dicen a casi todo que sí e incluso me dejan ver La Guagua los sábados por la mañana. Pero algo gordo ha debido de pasar porque por fin me he podido sentar delante en el autobús. Cuando viajo atrás me mareo por el olor a gasoil, pero esta vez he viajado a la derecha de Mingo, lejos del motor, junto a la puerta de entrada donde se coloca la cuidadora que hoy tampoco ha venido, y he podido ver toda la calle y el morro del autobús que pasa casi rozando la parte trasera de los coches mal aparcados en las esquinas de las aceras. Es increíble cómo gira para meterse por algunos huecos por los que parecía imposible que pudiera caber. Además puedo ver de cerca cómo Mingo gira el volante, que es como la rueda que utilizaba el capitán Nemo para abrir las compuertas del Nautilus en *Veinte mil leguas de viaje submarino*, y la manera de manejar la palanca de cambios, que también es enorme y rasca la caja cuando cambia a segunda haciendo un ruido horroroso. Debe de estar muy dura, porque cada movimiento suele ir acompañado de un gruñido que se convierte en un mecagontó o en un cagonlacunaquemearrolló cuando tiene que meter la marcha atrás.

Todos nos reímos cuando la señorita Julia le regaña, con un: «Por Dios Domingo, que está rodeado de niños», como si no conociéramos ya las palabrotas; eso sí, mucho cuidado con decirlas por la que te puede caer encima.

Sole me estaba esperando en la parada de al lado de casa. Llevaba un abrigo granate y el pelo recogido en una coleta que oscilaba de un lado hacia otro cuando andaba, como el péndulo de un reloj. Mis padres no la disfrazan, le regalan ropa bonita por su cumpleaños y le han dado la de mi madre, que ya no le sirve debido al embarazo. Sole habla poco y sonríe mucho. Caminamos cogidos de la mano, a veces enganchamos nuestros meñiques, pero prefiero su mano, pequeña y áspera; me encantan sus manos. Sole solo tiene doce años más que yo. Vino de un pueblo, pero no por ello es una paleta, porque sabe, aunque con esfuerzo, leer y escribir. A mí me parece muy guapa y me da muchos besos de esos que suenan como si te despegaran ventosas de los mofletes dejándotelos colorados. En una ocasión en que había quedado con su novio, que está haciendo la mili en Madrid, se pintó los labios de rojo y se puso colorete, y yo me quedé sin habla cuando me topé con ella en el pasillo. He de confesar que me jorobó que quedara con un chico que no fuera yo, pero cuando comprobé que a pesar de ello seguía dándome besos y cogiéndome con la mano entera, no volvió a importarme. Rebuscó en el bolso y sacó las llaves para abrir la puerta de casa. Subimos en el ascensor con los del Tercero D, un matrimonio bastante mayor. Él es muy educado. Era militar, pero le quitaron el disfraz porque camina encorvado y se apoya en un bastón, por lo que ya no podría luchar contra soldados más jóvenes y fuertes que él. Ella acostumbra a hacerme carantoñas y no para de comentar lo mal que están las cosas y siempre dice que ya no hay orden. Eso es que no ha visto cómo lo tiene todo de recogido Sole; en casa no queda nada fuera de su sitio. Me parto de la risa porque a la placa metálica que hay dentro del ascensor le han rayado algunas letras y han borrado el Im, y dice: «...pidan que los niños viajen solos». Sole se dirigió a la cocina y se puso a canturrear, aparentemente absorta en la monda de patatas. Mientras, mi madre hablaba por teléfono en voz baja desde el salón con la puerta entornada. Parecía una conversación importante, así que no entré a saludarla, a diferencia del resto de días, en los que suelo irrumpir corriendo y nos abrazamos. Como es habitual, mi padre no había llegado todavía de la oficina, ya que suele hacerlo cuando ya estoy dormido. Fui a mi cuarto, que olía a limpiasuelos, solté la cartera, me quité el abrigo y me puse las zapatillas. Mientras, Sole aplastó un plátano con un tenedor y lo puso en una rebanada de pan cubriéndolo de azúcar junto con un vaso de leche. Merendé. La cocina da a un patio interior donde se entremezclan las voces de los vecinos junto con el sonido de las cuerdas que se deslizan para recoger la ropa tendida y el rítmico sonido de algún tenedor batiendo huevos. Pero ayer había mucho silencio, tan solo roto por el canto de los canarios de Marina, la vecina de arriba, que es viuda y tiene dos, uno amarillo que se llama Príncipe y otro canela al que llama Rufián, con los que habla a menudo, sobre todo cuando les cambia el agua del bebedero o les pone una hoja de lechuga o un trozo de manzana aparte del alpiste.

Era noche cerrada, en otoño la luz se marcha rápido, sin avisar. Hacía frío. No tocaba baño. Después de sacarme con dificultad el odioso suéter blanco de cuello alto y quitarme la camiseta interior de tirantes, me aseé como una hormiga, como me enseñó mi padre, y me puse los calzoncillos limpios, el pijama y los calcetines que me había dejado Sole encima del radiador. Eché las prendas sucias al cesto. La sensación de la ropa blanda, suave y calentita sobre mi cuerpo es lo mejor de la vida. Regresé a mi cuarto y encontré a mamá sentada en mi cama con gesto de preocupación. Sus facciones se dulcificaron bruscamente cuando entré en la habitación. Conversamos.

–¿Qué tal tu día, cariño?

–Muy bien. He ido delante en el autobús y he visto conducir a Mingo.

–¿Ha dicho palabrotas hoy?

–No, estaba muy contento; yo creo que porque no iba la cuidadora y podía hacer lo que quisiera sin que nadie le regañara.

–¿Te han mandado deberes?

–No, hoy ha habido recreo todo el día.

–¡Vaya suerte!

–No te creas, no han venido Jaime ni Marcos, que es al que le había tocado llevarse el balón ayer, y no hemos podido jugar al futbol.

–Vaya. ¿Y que habéis hecho durante tanto tiempo?

–Hemos jugado a polis y cacos contra las chicas. Tomi se ha caído y se ha vuelto a romper el pantalón.

–Mañana no tienes colegio, ¿vale?

–¡Genial! ¿Me compras un tebeo nuevo y un sobre de cromos de motos para el álbum?

–Claro, te lo has ganado por bueno y por guapo –sonríe y me echa el flequillo para atrás–. Mañana vamos al quiosco y escoges un tebeo de los finitos y un par de sobres.

–¡Tomaaa! ¡Gracias, mami! –La abracé con cuidado de no aplastar a mi hermano y ella me apretó contra su pecho dándome un beso en la cabeza.

–Ponte la bata, que luego vienen las toses, y ve con Sole. Hoy vas a cenar solito, como un mayor. Yo voy a esperar a papá y cenaré con él más tarde. Luego puedes quedarte leyendo hasta las diez, que mañana no hay que madrugar.

En la cocina me esperaban Sole y una tortilla francesa con jamón que olía de maravilla. Me senté en la mesa de la cocina y después de comerla con avidez me tomé una pera que me había pelado y cortado en trocitos. Me lavé la boca e hice el pis de antes de acostarme. Regresé a mi cuarto. Me quité la bata y la colgué en la percha que hay detrás de la puerta. Apagué la luz del techo y encendí la lamparita de pinza del cabecero. Tras introducirme entre las sábanas releí un tomo de la colección de Magos del Humor, con Mortadelo y Filemón, Anacleto, Pepe Gotera y Otilio, y Zipi y Zape, que me trajeron los últimos Reyes Magos, a pesar de sabérmelo casi de memoria.

Debía de ser muy tarde y me debí de quedar dormido mientras leía. Estaba agotado. Claro, al haber menos niños, había que correr más para pillarlos. Sentí a mi madre retirar con suavidad el libro de mis manos. Me arropó y besó en la frente; observé entre sueños que cerraba los ojos mientras sus labios permanecían pegados a mi piel más tiempo del habitual.

Madrugada. Desperté sediento por la tortilla que había cenado, y es que Sole le pone mucho jamón. Bebí toda el agua del vaso que había encima de la mesilla. Lo dejé con cuidado en su sitio. El ruido de las sirenas en la lejanía ocupaba los espacios vacíos de la casa. Cerré los ojos. Oscuridad y murmullos.

EL SÍNDROME DEL NIDO VACÍO

Nos hemos quedado solos. Sabíamos que Nelita abandonaría el hogar algún día. Se hacen mayores, ya se sabe, es ley de vida, pero no siempre la lógica, a pesar de su aplastante razonabilidad, consuela. Es duro convivir con su ausencia. Mi esposa y yo nos hemos dedicado a ella en cuerpo y alma, y ahora no sabemos qué hacer con nuestro tiempo, con nuestra vida. Su habitación permanece cerrada; mejor así. Verlo todo ordenado y recogido transmite una sensación parecida a la que se tiene al llegar al punto final de un libro que deseas seguir leyendo pero cuyas páginas se han acabado y no hay más remedio que cerrar y colocar en una estantería. Cuando contemplamos su dormitorio comenzamos a llorar como bobos. La echamos de menos.

Estábamos muy unidos a Nelita. La llamamos así porque tiene el pelo y los ojos color canela. Nelita, con sus idas y venidas, sus proyectos e inquietudes, sus excentricidades, avivaba nuestros días cada vez más quedos y silenciosos. Construimos un vínculo tal vez demasiado estrecho con ella, llenamos nuestra existencia de la suya. Ahí estuvo el error; nos hicimos dependientes de su persona y ahora hay que aprender a vivir sin ella. Pero de nada sirve lamentarse: ¡el pasado, pisado! Aun así, lo que nos duele, más que el hecho objetivo de su marcha, es cómo se produjo. Nos dijo que estaba harta de que la controlásemos y que ya era mayorcita para tener que dar explicaciones de todos y cada uno de sus movimientos. La última discusión fue porque me tuve que poner firme y le dije que, mientras viviéramos bajo el mismo techo, tendría que acatar unas normas mínimas de convivencia y que a las doce la quería de vuelta, que me daba igual que a sus amigas no les pusieran hora de llegada cuando salían por la noche. No podía soportar que la esperáramos levantados. Nunca entendió –y si lo hizo no le importó– nuestra angustia y preocupación durante aquellas interminables madrugadas sin noticias acerca de su paradero.

No sabemos de ella. ¿Tanto cuesta hacer una llamada o mandar un simple Whatsapp para preguntar «qué tal estáis»? Lo de venir a vernos mejor ni mencionarlo, sobre todo desde que se ha echado el novio ese que no nos gusta nada. Estamos convencidos de que no para de malmeter contra nosotros y le ha lavado el cerebro a nuestra Nelita, que siempre ha sido una persona influenciable y débil de carácter. Sin duda él es el culpable de que ya no la veamos.

Quizás nos metimos demasiado en sus cosas; nos llamaba invasivos e irrespetuosos, y lo cierto es que estábamos muy encima de ella, pero siempre ha sido una insensata criatura y no nos dejaba otra opción. Además, poner límites es algo necesario en cualquier proceso educativo. No obstante, si hay algo que nos consuela es tener la plena convicción de haber actuado lo mejor que supimos y el haber estado siempre al lado de mamá. El último día que estuvo en casa dijo que ya tenía una edad y que no la volviéramos a llamar Nelita nunca más; que la habíamos machacado, que antes era canela en rama pero que gracias a nosotros ahora estaba molida. Pero lo que más nos ha herido es que nos llamara explotadores: según ella no hacía otra cosa que limpiar, recoger, cocinar, poner lavadoras, planchar,... También dijo que éramos unos parásitos y unos chupópteros, que si acaso nos creíamos «sus chulos». ¿Y qué quiere que hagamos si nunca hemos sabido de nada? ¡Como ella lo ha hecho siempre todo...!

¿Para qué íbamos a aprender nosotros? Bastante esfuerzo y desgaste suponía estar día tras día tratando de poner orden en su vida. Hay que tener un corazón de piedra para dirigirse en esos términos a un hijo y a su nuera; duele mucho oír esas palabras de boca de una madre. Y ahora que mi mujer se encuentra en estado, y además de mellizos, cuando más la vamos a necesitar... nos abandona la muy desagradecida. Bueno; al menos ha tenido la decencia de dejarnos un techo bajo el que cobijarnos y nos pasa dinero todos los meses, aunque solamente lo haga para tranquilizar su conciencia.

VER O NO VER, HE AHÍ LA CUESTIÓN

El anciano circula en su silla de ruedas motorizada por los pasillos de la facultad. Conocedor de los horarios, instantes antes de finalizar cada clase detiene la marcha frente a la puerta del aula en cuestión. Cuando esta se abre, los estudiantes salen en manada rodeándolo, de la misma manera que se evita tropezar con un obstáculo inerte. Salvador lleva observando su comportamiento desde que comenzó el curso, y finalmente decide aproximarse y entablar conversación; siente pena por él, tan mayor y fuera de lugar, sometido a la ignorancia cuando no al desprecio, y en ocasiones a la burla cruel por parte de algunos de sus compañeros.

—¿Qué tal? —pregunta, intentando dar un aire de espontaneidad a sus palabras.

—Estarás preguntándote qué pinto yo aquí, ¿verdad?

—Pues... bueno, no sé, yo solo pretendía...

—Mi hijo quiere llevarme a una residencia. Le resulto visualmente incómodo porque soy la viva imagen de lo que le espera; quiere quitarme de en medio aparcándome en uno de esos elegantes morideros asistidos.

—Vaya.

—¿Sabías que la Garbo...? ¿Sabes quién fue la Garbo?

—Sí, una actriz.

—¡Una actriz, dice!... ¡Una musa! ¿Sabías que la Garbo, cuando empezó a arrugarse se recluyó en su apartamento de Nueva York y ordenó retirar todos los espejos de las paredes para no ser testigo de su decrepitud?

—No, no lo sabía.

—Por eso me niego a que me envíen a un depósito de viejos, porque en esos sitios no se ven más que viejos. Sería como vivir permanentemente rodeado de espejos.

—Hombre, no tiene por qué...

—No hace falta que me des conversación, chaval. A diferencia de la Garbo, que, como dijo textualmente, «quería estar sola», a mí me gusta estar con gente, con gente joven para ser más preciso, pero repito: estar, sin más.

—No me parece mala idea.

—Creo que no me has entendido. Estar no significa necesariamente que tú y yo tengamos que comunicarnos ni intercambiar algún tipo de sonido diferente al de nuestras respectivas respiraciones. Además, ¿de qué vamos a hablar si no tenemos nada de nada en común? Hazme un favor y evítame presenciar el paripépenosocompasivoaliviaconciencias a costa del viejito abandonado. Te lo advierto: no me gusta que me utilicen.

—Me parece que...

—Seamos honestos. Ni a ti te interesa lo que pueda contarte, ni a mí lo que diga un barbilampiño recién aterrizado en el mundo.

—Yo no pretendía...

—Ahora mismo te crees que no vas a morir nunca; vives en un falso presente continuo en el que parece no pasar el tiempo; yo también he pasado por esa fase. Y dime: ¿qué te va a aportar alguien que es casi un cadáver? Mi realidad no tiene sitio en tu realidad. Y en mi caso me da por saco lo que vayas a soltar por la boca, porque yo ya he sido antes como tú: ya me lo sé. ¿O es que te crees la hostia solo por el hecho de haber nacido anteayer?

—Nada más lejos de...

—Además, todo el mundo piensa que los ancianos necesitamos que nos escuchen... Y es verdad, pero escuchar es algo más que sostener la mirada y soportar estoicamente las interminables batallitas que os vomitamos sin piedad. Lo que realmente necesitamos son amigos; personas a las que les importe e interese de verdad nuestra vida, y no un falso oyente, que para eso ya tengo un gato de escayola en el salón de mi casa. ¿Lo ves? Me estoy enrollando y tú ya estas empezando a estar de mí hasta las pelotas. ¿O vas a decir lo contrario?

—Sinceramente, pienso que...

—En las residencias no hay amigos, solo viejos, momias televidentes obsesionadas por desayunar, comer y cenar... ¡Ah!, y por defecar regularmente, y ni tú ni tus compañeros estáis capacitados, por aptitud y por actitud, para ser mis amigos.

—Siento haberle...

—Por eso estoy aquí; porque veo personas jóvenes sin esperar nada de ellas. Aquí no huele a muerte, a agua estancada sino a vida, a río que no para de fluir. Aquí no hay espejos ni viejos. ¡Vaya, hasta me ha salido un verso! Te voy a decir algo, chaval, y grábatelo en la cabeza igual que el tatuaje que llevas en el brazo: la felicidad consiste en tener las expectativas adecuadas en las personas con las que estamos, y esa es la razón por la que ahora me encuentro fetén —concluyó, antes de arrancar levantando las ruedas delanteras y dirigirse a toda velocidad en dirección a la cafetería.

SOY ADICTO

Soy adicto. Cada tarde, de lunes a viernes, de cinco a ocho, acudo al centro de desintoxicación y participo en la terapia de grupo que allí organizan. El centro se encuentra en un piso grande, aunque acogedor, ubicado en la zona vieja de la ciudad, para ser exacto en la planta baja de un majestuoso edificio de estilo francés. El portal impone por su amplitud y sobriedad, y un enorme fanal de hierro forjado pende de su techo abovedado como única y potente luz. El portero tiene identificados a los que acudimos a recibir tratamiento. Para él, como para tantos otros, no somos personas que padecen una enfermedad, sino seres que hemos elegido el vicio como forma de vida, con independencia de nuestras circunstancias personales y familiares. Nunca nos da las buenas tardes de motu propio, sí lo hace en cambio con los propietarios de los pisos de la finca, exhibiendo una amplia sonrisa, así como un variado repertorio de carantoñas dirigidas a sus hijos, nietos y perros mínimamente sociables. Como mucho gorguta algo, acompañado de un gesto mohíno en forzada respuesta a nuestro saludo inicial.

Cuando entras en el centro, de inmediato te envuelve el aroma a sándalo y una música ambiental muy relajante. Lo primero que ves es el rostro de Cristina, la chica de recepción, un ángel disfrazado de humano que transmite mucha paz cuando pone sus ojos en los míos y me habla con una voz dulce y reposada. El entorno reconforta. Es como recibir un abrazo incorpóreo que es reforzado después con el que te da físicamente Javier, el terapeuta que modera las sesiones de grupo, en una expresión de acogimiento que completa la bienvenida. El piso tiene los techos bajos y luces cálidas que se proyectan contra las paredes pintadas de color vainilla. Estas se encuentran a su vez decoradas con frases referentes a la recuperación, como la oración de la serenidad, que es mi preferida y dice así: «Señor, concédeme la serenidad para aceptar las cosas que no puedo cambiar, valor para cambiar las cosas que puedo, y la sabiduría para reconocer la diferencia». Probablemente ahí esté la clave de un equilibrio al que aspiramos todos los que venimos aquí y probablemente el resto de la humanidad, sean adictos o no. Una vez dentro de la sala, nos sentamos en círculo para vernos las caras y comunicarnos con más facilidad. Compartimos nuestras experiencias y contamos cómo nos sentimos debido a esta enfermedad que te lleva a la muerte si no la tratas cotidianamente. Yo hablo a menudo de las dificultades que tengo para desengancharme, de mis progresos y de los intensos y acuciantes deseos de consumir –técnicamente denominados *cravings*–, los famosos tirones, que te asaltan en los malos momentos, y en ocasiones sin saber muy bien por qué, y que a mí me torturan con especial intensidad los fines de semana. Son frecuentes los sábados por la noche, porque durante la mañana, debido a la cercanía de la terapia del viernes tarde, vivo en la famosa nube rosa, es decir, me siento feliz porque creo que estoy recuperado y disfruto de una efímera sensación de bienestar. Pero el día va transcurriendo en soledad hasta que no pienso en otra cosa que en una dosis y cuento los minutos para que llegue la hora de volver al centro y estar de nuevo con mis compañeros; es ahí cuando vuelvo a tomar conciencia de la realidad. Aun así, lo peor son las recaídas, tras las cuales hay que empezar otra vez desde cero, aunque en mi caso, dada la idiosincrasia de mi adicción, las consecuencias no son tan devastadoras como para el resto de los adictos.

Normalmente pide la palabra el que se encuentra peor o tiene algo que compartir. Yo me siento bien cuando vengo y, más que pedir ayuda, suelo contestar –«hacer devoluciones» como lo llamamos entre nosotros– a mis compañeros que comparten, pero en definitiva todos nos apoyamos solidariamente en un foro en el que podemos expresarnos con libertad, sin demasiada vergüenza ni miedo al rechazo.

El centro es el sitio en el que necesito estar porque nadie me juzga; solamente nos aconsejamos desde las vivencias propias de cada miembro del grupo con el apoyo del terapeuta. En definitiva, ir allí resulta tremendamente liberador, ya que uno no solo se descarga, sino que siempre se lleva algo bueno de regreso a casa.

En el grupo hay adictos a drogas como el alcohol, la cocaína, el cannabis, las benzodiacepinas y a determinadas conductas que se manifiestan a través de impulsos incontrolados sin que exista el consumo de una sustancia como tal, como son la adicción al sexo, al trabajo, a las compras compulsivas, además de casos de dependencia emocional, codependencia, ludopatía, adicción a las nuevas tecnologías, comedores compulsivos... Y luego está mi caso. En este centro, para recibir el tratamiento es requisito indispensable no encontrarse en periodo de consumo, lo que nosotros llamamos «estar limpio», aunque conmigo, dadas las peculiaridades de mi adicción, han hecho una excepción.

Hoy he tenido sesión individual con Eduardo, mi terapeuta de referencia. En esta ocasión ha venido con el director del centro, que también es adicto, porque, aunque no consuma hace más de doce años, «esto es una enfermedad crónica y siempre seremos adictos en recuperación», como él dice. «Solo por hoy no voy a consumir» es el mantra que repiten mis compañeros, y que en estos momentos solo puedo pronunciar los sábados y los domingos. A lo que iba, me han comunicado que, una vez más, comenzaremos a reducir paulatinamente la frecuencia de la asistencia al centro hasta mi completa desvinculación del mismo. Me han dicho que, si bien no soy el culpable de mi adicción, sí soy el responsable de mi recuperación, y han expresado su plena confianza en mí, y es que la adicción a los centros de desintoxicación es algo muy pero que muy jodido.

EL CALAMBRILLO

—¿No es ese Alberto? —preguntó Federico alzando el mentón en dirección a la calle, antes de apurar de un trago su chato de vino.

—Pues sí; habrá venido a recoger a los niños —contestó Héctor, atrincherado tras la barra del bar—. Menudo negocio ha hecho. Ha tenido que volver a vivir con sus padres, la vuelta al nido de un pollo con todas las plumas, y le ha tocado pagar la casa en la que se ha quedado su exmujer. Además, le tiene que pasar una pensión para cubrir los gastos de los niños, y como no llegue la pasta... demanda al canto. Pobre *desgraciao*; no debe de tener ni para tomar una caña. ¿Te imaginas con cuarenta y ocho primaveras tener que volver a pedir la paga a papá y a mamá para poder salir? Solo y sin un duro. No me gustaría estar en su pellejo —concluyó.

—Y todo por un calambrillo —apuntó Federico—. Si es que ¿para qué tenemos la mente si no es para controlar los instintos del cuerpo? —agregó con soniquete de predicador televisivo, a la par que se golpeaba la sien con la yema del dedo índice—. ¡Que no se puede pensar con la entrepierna! ¡Que vale que el hombre es el único animal cuya época de celo dura toda la vida, pero no puedes tirar la tuya y la de tu familia a la basura... por un calambrillo! Fíjate, con la mujer tan maja que tiene. Ha venido aquí un par de veces a tomar una Coca Cola y es la mar de simpática, y con tres críos pequeños. ¡Pobre infeliz! ¡Anda que no estará arrepintiéndose ni nada!

–Ya te digo. Hay ocasiones en las que es mejor parar y reflexionar antes de hacer una tontería. Una huida a tiempo es una victoria.

–Yo hace ya mucho que enterré el hacha de guerra. Se mira y no se toca.

–O, como dice el Pelos: se mira y uno se toca.

–Será marrano el Pelos...

–No es más guarro porque no entrena.

–En todo caso, ¿quién le mandaría al Julián liarse con la Martina?

–¿Con qué Martina? –indagó Héctor mientras rellenaba la copa de morapio con una generosidad poco habitual.

–¿Qué Martina va a ser? Martina, la de la mercería.

–Ahora mismo no caigo. ¿Te pongo unas aceitunitas?

–Mejor un poco de jamoncito de ese que tienes ahí. Me refiero a la de la mercería de la calle Cruces... la rubia, la que está de toma pan y moja... la pechotes... –concretó Federico, disminuyendo el volumen y cambiando la voz tras aclararse la garganta, a pesar de no haber nadie más en el local.

–¡No jodas! ¿Con la pechotes? ¿De verdad? ¡Será cabronazo! ¡Se estaba calzando a ese pedazo de hembra! ¡Qué tío!... ¡Y parecía tonto! –exclamó Héctor.

–Mira, ahí sale con los pequeñajos –informó de nuevo Federico.

–Los hay con suerte. Menudo calambrillo te debe dar en un revolcón con la Martina –declaró Héctor introduciendo los labios en la boca para, a continuación, humedecerlos de nuevo repasándolos con la lengua–. Mala suerte que lo pillaran.

LA CAJA ESCONDIDA

Era el momento.

Armando salió de la cama con cuidado de no despertar a su mujer. Tras comprobar que, a pesar del crujido del somier, la cadencia de sus ronquidos no se había alterado, se enfundó los pies en las zapatillas de felpa beige forradas de borreguillo y abandonó el dormitorio con extremo sigilo. Se deslizó por el pasillo como si estuviera practicando esquí de fondo y al llegar al final descolgó la escalera plegable que guardaba detrás de la puerta. La apoyó con suavidad contra la pared y subió despacio los peldaños hasta llegar a la plataforma superior. Giró la llave y abrió la puerta del altillo, cuyas bisagras había engrasado la tarde anterior para evitar su delator chirrido. Oculta bajo dos gruesas mantas militares, herencia de su suegro, que nunca utilizarían, localizó la vieja caja de latón oscurecida y un poco verdosa debido al paso del tiempo, que antaño sirviera de costurero y que en la actualidad recogía dentro de sí los recuerdos de toda una vida. En ella guardaba las viejas cartas escritas a plumilla con tinta negra sobre papel sepia de la que fue su primer y verdadero amor. Recordaba con nostalgia aquellos tiempos en que todo era lento, en los que no existía el Whatsapp y las palabras eran auténticos tesoros sin la violenta inmediatez del teléfono móvil, protagonista de la época del nerviosismo y la impaciencia, de la brevedad impuesta, destructiva de todo romanticismo y a su vez generadora de tanta ansiedad cuando la respuesta no es instantánea. Antiguamente, la espera, aunque en ocasiones pudiera resultar exasperante, provocaba que cada palabra escrita fuera como si se cincelara en la piel del destinatario a medida que era leída. Allí permanecían atadas con una cinta de raso roja, junto con un mechón de aquellos cabellos que en tantas ocasiones había soñado volver a acariciar y que todavía olían a ella. También había unas viejas fotografías en las que aparecía su madre. Guardaba con especial cariño una en la que ambos aparecían cogidos de la mano. Debería de tener unos ocho años, y Noelia –ese era su nombre, aunque la siguió llamando mamá hasta el final de sus días–, había desviado la mirada del objetivo de la cámara para dirigirla hacia él con una ternura infinita. También encontró un taco con su colección de cromos de fútbol cogidos con una goma, y el primer billete de cien pesetas que ganó a cambio de pegar carteles en las marquesinas de los autobuses bajo el sol inclemente de aquel mes de agosto, y que entregó orgulloso a su padre nada más llegar a casa el mismo día que le pagaron. Nunca olvidaría su reacción, cogiendo el sobre en silencio con un gesto mecánico, carente de expresividad, doblándolo e introduciéndolo en el bolsillo de su americana para a continuación proseguir con la sagrada lectura del diario, como si lo que hubiera acontecido instantes atrás resultara algo lógico y ordinario. Dicho billete lo recuperaría muchos años después, cuando falleció y tuvo que buscar el documento de identidad en su cartera, comprobando con sorpresa y emoción que lo había conservado consigo llevándolo junto al corazón durante toda su vida.

Era el momento.

Dejó caer las mantas sobre la caja de latón y se estiró para alcanzar otra situada al fondo del maletero, en un lugar casi inaccesible. Esta era alargada, de cartón, de color rojo y azul brillante, y en un lateral podía leerse, impreso en grandes letras doradas: «Cookies King Size. Con extra de pepitas. Rellenas de crema de chocolate con avellanas». Tras abrirla cogió una galleta que engulló ansiosamente. No había terminado de tragarla cuando introdujo otra más en su boca. Cerró los ojos y con los carrillos hinchados emitió un largo y ahogado gemido.

VIVAN LOS NOVIOS

Dos hombres vestidos de forma sobria y elegante acuden puntuales a su cita en las dependencias del ayuntamiento. Una vez vigente la ley que permite formalizar la unión de personas del mismo sexo, esperan a que comience la celebración de la ceremonia civil de matrimonio. El concejal encargado de oficiarla abre la puerta de su despacho y los recibe.

–Buenos días. Adelante, pasen y tomen asiento, por favor. ¿Quién es David y quién es Miguel Ángel?

–Yo soy el *David de Miguel Ángel* –contesta risueño uno de ellos, bajito y enclenque, gastando una broma que el concejal no termina de entender.

–Bueno; bienvenidos los dos. Miguel Ángel y David, me vais a permitir que os tutee y que le dé un tono un poco más afectivo a este acto con el fin de que resulte menos... burocrático, por decirlo de algún modo.

–Sí, por supuesto –contestan los dos.

–Habéis acudido hoy aquí para celebrar vuestra unión, que tendrá plenos efectos civiles y que significa la institucionalización de un proyecto de vida en el que, a buen seguro, buscareis la felicidad...

–Perdón, ¿puedo decir algo? –interrumpe Miguel Ángel.

–Sí, cómo no.

–Los dos le agradecemos enormemente esta especie de homilía laica tan sentida que seguro que ha preparado para la ocasión con la mejor de las intenciones, pero nuestra unión no está basada en el amor, tal y como usted lo entiende.

–¿Disculpe?

—Que le agradecemos el paripé, pero que no es necesario que siga.

—Lo siento, pero no termino de entender lo que me quiere decir.

—Se lo explico. Mire, yo soy divorciado y tengo un hijo bastante mayor que vive su vida. Estuve casado doce años durante los cuales nunca comprendí a mi mujer ni ella a mí, y mire que nos quisimos y lo intentamos todo. Incluso fuimos a terapia de pareja y a un sexólogo, pero no hubo manera. Es la misma sensación que tuve con una chica con la que me veía antes de conocerla a ella y con otra con la que he salido después durante unos meses. Creo que los hombres somos muy básicos y ellas muy complejas. En mis relaciones personales he ido de fracaso en fracaso, y entenderme, lo que se dice entenderme, solo con mis amigos. Sinceramente, pienso que los hombres y las mujeres, más que ser géneros distintos, lo que sucede es que procedemos de constelaciones diferentes. Con David es otra historia...

—Señor concejal... —comenzó David—... a mí me gustan las mujeres, no se vaya usted a pensar..., pero cuando yo digo blanco, ellas dicen negro; entonces yo me decanto por el negro y es justo cuando ellas prefieren el blanco. Resultado: que no he conocido a ninguna a la que pudiera soportar, ni que me aguantara a mí más que una temporadita. Miguel Ángel ha tenido la experiencia de convivir con una; yo no he llegado ni a planteármelo. No estoy dispuesto a pagar el precio de la amargura a cambio de compañía; sería un coste demasiado elevado. Y es que con Miguel Ángel la cuestión es otra. Me encuentro muy a gusto a su lado; hago lo que me apetece sin tener que dar explicaciones, convivimos con respeto y sin reproches, y nos aceptamos el uno al otro con nuestras virtudes e innumerables defectos. En las relaciones normales de pareja, hombre y mujer, hombre y hombre o mujer y mujer, es muy habitual que ambas personas se pasen la vida moldeando a su compañero o compañera; en definitiva, peleándose por lograr algo tan profundamente irrespetuoso, dañino y estéril como es pretender cambiar al otro. Nosotros vivimos y dejamos vivir.

–Cuando nos encontramos... –continuó Miguel Ángel– estábamos más solos que la una y anímicamente muy tocados. No nos vamos a alargar más. Para que me entienda: David y yo estamos bien juntos; nos contamos nuestros problemas, compartimos las mismas aficiones, nos tenemos un sincero y profundo cariño, pero no somos pareja en el sentido emocional del término.

–Ah, ¿no?

–No. Somos amigos, amigos de verdad, compañeros de piso y heterosexuales.

–Disculpe, yo...

–...De hecho, creo que somos bastante más que la mayoría de los matrimonios –añade, dirigiendo una sonrisa cómplice hacia David, quien le devuelve otra de similar intensidad.

–Lo siento, yo pensaba que...

–Usted también creía que éramos *gays*, ¿no? Bastante complicada es la vida como para liarla todavía más con el amoooor, y no le digo ya con el sexo. Además, entre nosotros, donde estén un buen par de domingas...

–Sí, bueno, perdónenme, pero...

–...Y es por eso por lo que queremos casarnos y regularizar, ahora que se puede, nuestra relación. Y aclarado esto, por favor, le ruego que proceda, sin prisa pero sin pausa, porque tenemos entradas para el fútbol y veo que no llegamos.

Concluida la ceremonia, se despiden amablemente del concejal. Tras cerrar la puerta del despacho, David cuchichea en el oído a Miguel Ángel: «Este es más maricón que un palomo cojo».

LA HERENCIA DE PADRE

La relación con padre se limitaba a una visita el último viernes de cada mes a las doce del mediodía en su finca de Robledillo, tal y como él había estipulado treinta y dos años atrás. Padre estaba más sordo que un jarrón, por lo que tales encuentros consistían en soportar estoicamente el mismo e interminable monólogo acerca de su grandiosa fortuna y la forma idónea de administrarla para obtener el máximo rendimiento. Solía hablarnos con la mirada perdida en algún lugar y moviendo la cabeza de manera desconcertante de un lado hacia otro, como si negara cada palabra dicha, acotando cada frase con un golpe seco de su garrota de avellano contra el mármol del suelo. Con esa misma garrota había amenazado y golpeado a todo ser vivo que osara desafiar su autoridad o discrepar de sus directrices, incluidos nuestra pobre madre –que en paz descanse– y, por supuesto, sus dos hijos allí presentes.

Ambos acudíamos puntuales a la cita, primero con la esperanza –o mejor dicho con la Babia expectante–, y más adelante, a medida que transcurrían los años, con el ansioso deseo de que fuera la última. Los dos soñábamos con que algún día nos avisaran de la cancelación de la reunión debido a su repentino fallecimiento, ávidos por recibir la herencia que a buen seguro nos permitiría vivir sin dar un palo al agua el resto de nuestras vidas.

La dulce venganza contra semejante personaje consistía en que, la noche previa al día del encuentro, mi hermano y yo cenábamos copiosamente un menú compuesto a base de alubias pintas con repollo y huevo duro, de forma que a cada golpe de bastón le seguirían en perfecta sincronía dos cuescos de los que el viejo cabrón ni se enteraba.

Nunca olvidaré el último viernes de diciembre de aquel año. Al llegar a la finca nos recibió don Froilán, médico de la familia desde que teníamos uso de razón, quien nos advirtió del muy delicado estado de salud de padre, anunciándonos con solemnidad decimonónica la proximidad de su muerte. Nos costó un triunfo reprimir las muecas de felicidad antes de entrar en su dormitorio y, una vez en él, postrado en su lecho y casi sin aliento, padre nos anunció que debía darnos dos noticias. La primera, que hacía apenas dos años de la exitosa implantación de un chip de electroestimulación transmatoidea que le permitía escuchar todo tipo de sonidos desde entonces. La segunda, que, dada la proximidad de su desaparición de este mundo de vagos y pusilánimes, se sentía en la obligación moral de poner en nuestro conocimiento que dejaba la totalidad de sus propiedades y capital a la Asociación de Amigos del Grillo de Lozoya. Dicha comunicación la realizó con su mirada fija en la nuestra y con un movimiento de cabeza de arriba hacia abajo como gesto de afirmación inequívoca y simultánea de todas y cada una de las palabras que pronunció en aquellos dramáticos momentos. Recuerdo que mi hermano y yo nos abrazamos entre sollozos y gimoteos, acompañados por alguna que otra desacompasada ristra de pedorretas.

NADA QUE CONTAR

Hoy hace once meses que vendí la huerta y los viñedos. Todavía conservo el caserón, el que fue de mis abuelos y luego de mis padres y que, por lo visto, continúa arruinándose. Engurruñé la ropa en el maletón, rescaté un par de fotografías de la familia y vine para la capital: quiero ser escritor.

Alquilé un estudio abuhardillado en pleno centro, donde palpita el corazón intelectual de la gran ciudad: los cafés, con sus tertulias literarias, el teatro alternativo, los cines donde proyectan películas de arte y ensayo... A ver si termino de asentarme y voy algún día. No es que la vivienda sea pequeña; lo que sucede es que a medida que avanzas tienes que ir doblando el espinazo para no golpearte en la cabeza, como si escenificaras la involución del hombre.

Unos números atrás queda el mercado de los Mostenses. Allí trabaja Teo, el Ceja, un antiguo amigo de mi hermano. Yo era muy chico cuando este se mató. Cayó de espaldas desde lo alto de un breval cuando intentaba alcanzar una mata de higos, de los picoteados por los gorriones y los pardales, que son siempre los más dulces. El padre Eusebio dice que me parezco muchísimo a él, si bien suele añadir: «Aunque no hay nada más distinto que dos personas casi iguales». En la vida he conocido a alguien a quien le gustaran tanto las mujeres.

—¡Joroba, padre; como se le va a usted el ojo con las titis!

—Hijo mío, el estar a dieta no le impide a uno mirar la carta —contestaba sin llegar a detenerse, mientras su imagen se distanciaba menguante hasta convertirse en un diminuto punto negro en medio del camino.

Me ha contado Teo, el Ceja, que se escapaban de madrugada, junto con Chucho y el Feo, para atrapar murciélagos y ponerlos a fumar. El Feo, un experimento más de la madrastra naturaleza, las pasó canutas siendo niño. La Sole le tuvo escondido en el henil durante más de cuatro años porque era madre soltera y algunas vecinas le dijeron que era un castigo del Señor en respuesta a los pecados de la carne. Yo creo que fue Julio, el cartero, quien dio finalmente el aviso. Comentaban de él que entraba en la casa y se tomaba demasiado tiempo para entregar la correspondencia. Llegaron unos señores con la Guardia Civil y al Feo lo internaron en un centro especial, donde le enseñaron a hablar, a comer como las personas y a no hacerse sus necesidades encima. Pues resulta que el Feo es primo segundo de Isidro, que está ganando unas buenas perras haciendo chapuzas en las urbanizaciones de las afueras del pueblo. Recorta la arizónica, poda las catalpas, encala humedades, pinta las paredes... Ayer hablé con él y dijo que a ver cuándo me paso por allí y comemos el cabrito a la leña de su tía Fuensanta. Luego nos subiríamos a la piedra a contemplar los milanos: cómo se suspenden inmóviles en el aire al igual que cometas, hasta que acaba de oscurecer y de repente baten sus alas y desaparecen más allá del valle, acompañados por el sonido de la rumia sorda de las vacas y el posterior tañido lejano de las esquilas que anuncian el retorno del ganado a los establos. Entonces nos tumbaríamos boca arriba a mirar las estrellas, respirando la brisa que rodea los pinos —albares, negrales y piñoneros—, transportando el aroma a tomillo y romero. Fumaríamos, beberíamos un cuartillo de vino de la bota y nos contaríamos nuestras cosas; las que no conoce ni el viento. ¿Y a qué venía esto? ¡Ah, sí! Uno de los chalés es del dueño de una editorial. Isidro le ha hablado de mí y el hombre le ha comentado que le mande mis trabajos y que me dará una opinión sincera acerca de su calidad literaria y las posibilidades reales de ser publicados. En cuanto se me ocurra alguna cosilla se la hago llegar. ¡Carajo!, cualquiera se concentra en esta casa con el frío que hace. Es interior y un radiador no es suficiente para combatir la ausencia de sol, cuyos rayos pasan de refilón por el cristal de su único ventanuco. De todas maneras, para fríos nada como caminar por la cañada hacia el sabinar. En cuestión de minutos arrecia la helada y tienes que dar media vuelta porque castañetean los dientes y empiezan a dolerte los oídos. Recuerdo aquella vez que en pleno mes de mayo tuvimos que abrigar las cepas con plásticos porque cayó la calina con raspe frío anunciando un relente crudo, de los que chamuscan los serpollos. A la mañana siguiente, mi padre nos invitó a todos a desayunar en el bar de Matías; café con aguardiente y pan *tostao* con aceite y pimentón dulce. Yo solía pegar la oreja a las conversaciones de los mayores, que no abandonaban la partida, con el puro *mordío* y el copazo de anís, aunque les anunciaran el incendio de sus hogares con sus respectivas familias atrapadas en su interior.

—Anda, Toribio, que te las sabes todas y no sabes de ná —ronqueaba Jerónimo, el más viejo de todos.

—¡Qué! ¿Se reparte ya o nos vamos a dormir? —protestaba Paco, del que dicen que una vez tumbó a un jabalí de un puñetazo.

—¡Tú tranquilo, que ya tendrás tiempo para dormir cuando estés muerto y no tengas que levantarte ni pa mear! —terciaba Saturnino.

—¡Pues daos prisa, que antes de estirar el zancajo os quiero ganar otros treinta duros! —sonreía Jerónimo, exhibiendo su último diente.

En los baretos de por aquí, si entras de primeras no se crea ese silencio tenso y excluyente que tanto incomoda a los forasteros cuando llegan a los pueblos. No tienes la impresión de que sea imposible convencer de algo, de que todo es sabido y está ya dicho. Sin embargo, a Teo le rompieron la nariz porque se puso a hablar en alto de fútbol. Ya se lo dije yo: ¡Ni se te ocurra opinar!... Pues toma.

En la ciudad no eres más que cualquiera de los millones de adoquines que yacen incrustados en la calzada; la sensación de libertad es absoluta. LIBERTAD, esa es la palabra que escribió en el encerado don Aurelio, el viejo profesor de lentes redondas, pajarita torcida y barba amarilleada por el humo del tabaco de pipa. Entre los que marchaban a estudiar a la capital y los que se fueron porque sus padres tuvieron que desplazarse para encontrar trabajo, cada año íbamos menos niños a la escuela. Aquella tarde, don Aurelio nos hizo describir en un máximo de dos líneas lo que significaba para cada uno de nosotros el término libertad. Luego metió los trozos de cuartilla en el gorro de Pablito y fue exponiendo su contenido.

—«Estar solo y que me dejen en paz» —tosió—. No está mal, pero nuestro amigo está confundiendo la libertad con la soledad. Debemos distinguir la soledad inevitable, que es una tortura silenciosa, créanme, de la necesaria o deseada, que constituye sin duda una opción personal muy recomendable en determinadas circunstancias. A ver, a ver: «... Arrimar la cebolleta cuando bailamos con las chicas en las fiestas del pueblo...». —Carcajeo generalizado—. En fin... silencio, por favor... guarden silencio. Vivimos en el mundo de las pruebas preconstituidas y carezco de ellas para identificar al energúmeno que ha escrito esto; no obstante, Martín, a la próxima grosería se va usted fuera. —Nueva explosión de risas.

Leyó un montón de pensamientos: «Que no existan los relojes, sobre todo el de la iglesia, que nunca calla», «salir a cazar tórtolas», «no ir al colegio», «echarme la siesta bajo el emparrado y despertarme con el silbido de los mirlos...». A ver la siguiente si nos aclara algo: «Hacer lo que me apetezca en cada momento». Bien, comenzamos a nuclearnos dentro del caótico cosmos de las ideas. Es una disquisición correcta;

no obstante, incompleta. ¿Pero en qué? ¿Quién puede decírmelo? Sí, Corrales.

—En que hay veces en que uno puede hacer lo que quiere, pero no sabe el qué y se aburre.

—¡*Voilá*! Ahí está la clave; necesitamos delimitar nuestro campo de actuación, saber qué es lo que hemos de hacer, y ejecutarlo. Esa es la verdadera libertad: crear nuestras propias obligaciones, elegirlas; no eludir las impuestas por el entorno. Esto último es HUIR —trazó en la pizarra a golpes de tiza—. Se puede huir hacia la libertad, pero ambos conceptos, huir y libertad, no son tan compatibles como pudieran parecer. Quizás la búsqueda de la libertad nos pueda hacer sentirnos libres, pero nunca la huida. Si lo que estamos haciendo es escapar, llegará un momento en el que nos faltarán las fuerzas, fallarán las piernas y habrá que detener la carrera, tomar aliento, darse la vuelta y enfrentarse a pecho descubierto con aquello que nos persigue; en definitiva, habrá que aceptar quiénes somos, y solo a partir de ese preciso instante podremos enfilar el camino que nos llevará hacia un lugar concreto. No olviden esto último que acabo de decirles. Y vuelvo a lo que ha escrito un compañero vuestro y que me he reservado el derecho a leerlo en último lugar. —Carraspeó—: «Libertad es vivir rodeado de personas que no saben lo que deben esperar de ti». Lo que esclaviza pues en esta vida, amigos y amigas, son las dudas, no los deberes ni las obligaciones. Por lo tanto, sean ustedes mismos quienes elijan con convicción y desde la honestidad sus propios compromisos, cumplan con ellos, procuren que sean conocidos por el mínimo indispensable de individuos... y sean libres. Buenas tardes a todos, y hasta el lunes... ¡Y aprovechen los tiempos que corren, en los que la libertad está esperándoles ahí fuera y no hay que conquistarla! —concluyó, tolerante y resignado frente a la salida en estampida de la chavalería. Después mantuvo por unos instantes su mirada en la mía, porque fui la única persona que permaneció sentado tras el pupitre hasta que finalizó por completo la lección.

Y es ahora, tras heredar, cuando por fin tengo el dinerillo necesario para poder dedicarme a escribir; porque del tema de las perras no dijo una palabra don Aurelio, y es algo que tiene su importancia. Es lo que deseo hacer y me importa un rábano que vayan chismeando por el pueblo que la única vocación que tengo es el observeo y el zascandile, como la de todo hijo de vecino.

MENS SANA IN CORPORE ESPANTOSO

Hoy me operan. Estoy aquejado de una orquidopexia bilateral. Se trata de una dolencia denominada coloquialmente «testículos en ascensor», como si las pelotas de uno dieran los buenos días y viajaran sin su dueño de una planta hacia otra de una comunidad de vecinos hablando del tiempo. La cuestión es que, si no me intervienen, mis gónadas podrían llegar a alojarse en el abdomen a modo de parientes pobres o inquilinos morosos, hasta su necrosis definitiva. No obstante, no hay por qué preocuparse; es una intervención muy sencilla, reitera mi madre, mujer pequeña e incombustible que me altera con su rítmico taconeo a lo largo y ancho de la habitación del hospital.

Las sábanas irradian asepsia; almidonadas en exceso, reaccionan crepitando con aspereza al mínimo movimiento de mi cuerpo, que parece envuelto para regalo en papel de celofán. La enfermera alférez me ha ordenado quitarme la ropa interior, porque en breve vendrán a rasurarme. Luzco ataviado con un original mandil que en su día debió de ser azul; el típico batinzuelo que llevaría todo aquel que desearía comprarse uno nuevo. Con el trasero al aire, exhibiendo el clásico peinado de raya en medio y unas medias de compresión color hueso por encima de las rodillas, parezco un concubino danzarín, provocando las risas de mi hermano pequeño, que disfruta del espectáculo desde su infinita inocencia.

–Buenos días. –Un sujeto con gafas de culo de botellín asoma la cabeza saludando a los presentes. Dos minúsculas pupilas me escrutan desde las profundidades de sus lupas.

–Buenos días –contestamos todos al unísono, con soniquete de colegiales bien aplicados.

–Soy el celador. Vengo a rasurar.

Me levanta el camisón y nievan polvos de talco. Estira mi pene hacia el techo como si fuera de goma, dándole un aspecto similar al de un fuet. Lo pinza con los dedos índice y pulgar, como si cogiera por la cola el cadáver de un ratón, y comienza a afeitarme a toda velocidad, primero el escroto y luego el pubis, envejecidos prematuramente debido a su repentina canicie. ¡Cuidado, por Dios! ¡No tengo vocación de eunuco ni de castrato! Observo su gruesa lengua, que mordisquea con insistencia en un gesto de concentración.

–Hasta luego.

–Hasta luego –me despido de los pliegues de su nuca.

–¿Qué tal, hijo? ¡Rubén, estate quieto! ¡Deja eso! ¡Para ya, eh! ¡Rubén! ¡Deja ese botón en paz! ¡Verás cómo se enfade la enfermera…! ¡Aquí el balón, no!

–Buenas tardes, soy el doctor Ciprés. –El honorable vejete ha entrado en la habitación deslizándose como haría un espectro que hubiera traspasado la pared procedente de otra dimensión. Se sienta de lado sobre el colchón aprisionándome un pie y el somier profiere un quejido expresándose, por poder, en nombre de mi pinrel. ¿Qué tal estamos? ¿Nervioso? –De súbito se congestiona cual gorrina fuera de cuentas y tose estruendosamente; da la sensación de que puede expectorar el alma en cualquier momento–. Pues tranquilo –carraspea un descomunal gargajo que deposita en su pañuelo y observa con arrobo antes de arroparlo como a un bebé y guardarlo en el bolsillo del pantalón–; te bajarán a quirófano dentro de unos quince minutos más o menos…

A partir de ahí, encantado de haberse conocido, suelta un interminable *speech* demostrándonos a todos los presentes que es licenciado en Medicina y Cirugía y nosotros no, valiéndose de una terminología incomprensible para el resto de los mortales.

–...Subirás mareado y puede que la anestesia te provoque cierto malestar. Estarás con suero veinticuatro horas y luego, si no pasa nada, que no tiene por qué pasar... je, je... ¡a casa!... –Se hace una gracia tremenda. Al salir, la atmósfera permanece impregnada de aroma a colonia añeja.

–¡Vamos que nos vamos! –La *nurse* irrumpe en la habitación y, tras quitar a golpe de zueco los frenos de las ruedas, empuja con potencia la cama que hace las veces de camilla. Circulamos por el pasillo. Los tubos de neón del techo imitan las rayas discontinuas de una autopista, si bien dibujadas sobre un cielo sucio y artificial. Asomo la cabeza para dar el último adiós a la familia y mi nuca golpea con fuerza contra la máquina de bebidas, activando su sistema de alarma antirrobo. Alertado por el estruendo, un corpulento guardia jurado aparece a la carrera terminando de zamparse un donut. Al doblar la esquina, mete el pie en un cubo de agua atizándose en la boca con el palo de la fregona y se empotra contra un carrito de cuñas, que vuelan por los aires provocando un diluvio de orines. Una gota caliente resbala desde mi frente deslizándose por la nariz hasta llegar a los labios. Invadido por una oleada de náuseas, arranco a vomitar como la manguera de agua a presión de una tanqueta antidisturbios. Nada más terminar, me topo con el rostro del guardia, con el labio inferior inflamado a modo de aborigen australiano y sobre el que acabo de echar hasta la primera papilla. Con medio bollo aplastado en la coronilla, me dedica la mejor de sus miradas exterminadoras. Mi hermano aplaude entusiasmado y mi madre se persigna compulsivamente a toda velocidad. Aturdido por el golpe, consigo desprenderme de la camisola y emprendo vacilante el camino hacia ninguna parte hasta que me topo con la enfermera, mi angelota de la guarda, quien abraza mi desnudez deteniendo la caída con sus brazos de osa. La contemplo desde su regazo y me resulta sorprendentemente bella; una Venus perigordiense, una Gracia de Rubens –Talía, quizá– que me obsequia con su gentil sonrisa, sin cesar en su baile, girando, girando, girando, girando...

Despierto en la sala de operaciones. Huele a desinfectante y una luz blanca y desoladora me golpea en los ojos. El frío hace castañetear mis dientes sin control. La mano de alguien me coloca una mascarilla que presumo debe ser la anestesia, porque la fuerza de la gravedad se multiplica por mil y mis párpados se tornan de plomo. El sueño me domina poco a poco, a pesar de mis inútiles esfuerzos por no dormirme y escuchar al doctor Ciprés, que se dirige a mí mientras termina de ajustarse unos guantes verdes de látex: «... No te preocupes; a lo largo de mi dilatada trayectoria profesional solo he perdido a un paciente. Claro que eres el primero al que me dejan operar desde el accidente, je, je... Pero tú tranquilo; la cirujana que supervisará la intervención es de toda confianza, iinada más y nada menos que la cornuda de mi exmujer!!, je, je... y ahora, trata de relajarte y quita esa cara de susto, que, como decía Charles Chaplin: «Al fin y al cabo, en esta vida todo es un chiste».

EL DONANTE

—A los buenos días nos dé Dios —saludó el hombre bajito, de mirada plana y tez curtida por el sol tras entrar en la sala y quitarse la boina en un ademán de respeto.

—Buenos días, señor. ¿Qué desea? —contestó amablemente la recepcionista del pabellón de trasplantes del Hospital Central.

—Don Eustaquio Buenavista, para servirle.

—Encantado. Dígame.

—¿Es aquí donde los traspasos de los órganos esos?, ¿no?

—Aquí es. ¿En qué puedo ayudarle?

—Mire, maja. Le cuento. En mi casa siempre hemos *ayudao* a *to* el mundo. Es en lo que nos han *criao*. Que si Arnulfo por favor préstame un par de gallinas *pa* aguantar el invierno, que si Eustaquio por qué no me deja el tractor *pa* desbrozar el huerto... Es que fui el primero de toda la comarca, óigame, no del pueblo sino de toda la comarca, que tuve tractor. Era de color naranja y rugía como un león. No es por presumir, entiéndame, pero es que tenemos la mejor finca y lo digo, que por Dios así se me entienda, desde la humildad... —dijo secándose el sudor de la frente con un pañuelo a cuadros marrones que, tras doblar meticulosamente, volvió a introducir en la manga de su chaqueta de pana.

—Y dígame, ¿qué es lo que puedo hacer por usted?

—Es que vi el programa ese de la tele, el que trataba de los traspasos.

—Creo que se refiere usted a los trasplantes —corrigió la joven con una amplia sonrisa, adoptando un tono forzadamente pedagógico, casi infantil.

—Pues eso.

Aquel hombre abrió el morral y depositó sobre el mostrador algo parecido a un bocadillo. A continuación desdobló con cuidado el papel de periódico amarillento en el que había envuelto cuidadosamente dos ojos y un corazón.

—Estos dos son los de mi prima Matilde, negros como una noche sin luna, casi gitanos. ¡Anda que no me volvieron loco cuando era un rapaz! Pero en un sitio tan chico y más en aquella época, imagínese, ya se sabe, ajuntarse con una de tu familia no estaba bien *mirao*. Y este... este corazoncito es el de mi señora madre, el mejor, una joya, lo más generoso del mundo entero. Anda que al que se lo pongan no va a tener suerte ni *ná*. ¡Tan bueno como ella sola! —apuntó satisfecho—. Eso sí, ¡habrá que lavarlos, digo yo! No los he *pasao* por el pilón *pa* que vieran ustedes que son *recienticos*.

✦

LA CULPA ES DEL MÁS ALLÁ

Sé que estoy matándome lentamente desde hace décadas, pero nunca dejaré de fumar. Ya lo dijo Freud: «Fumar es indispensable si uno no tiene nada que besar», y ese es precisamente mi caso. Pero, aunque no fuera así, es lo que más me gusta hacer en esta vida: prender el pitillo, ver cómo progresa la lumbre, que luce anaranjada consumiendo a su paso el papel mientras aspiro con ansia de la boquilla, tragar la primera bocanada, sentir su golpe en los pulmones... La retengo por unos instantes para luego exhalarla lentamente, con deleite, observando las volutas de humo, cómo se retuercen en la atmósfera mientras dibujan bellos escorzos en su lucha estéril por no desvanecerse.

Disfruto contemplando la expresión de mi compañero de habitación en el hospital cuando retiro la mascarilla de oxígeno para poder dar una nueva calada. Y la culpa de todo esto la tiene el más allá. Me explico. Si al morir fuéramos al cielo, lo que ascendería, tal y como aseguran los creyentes, sería el alma, y antes de largarnos tendríamos que abandonar el cuerpo aquí abajo, por lo que fumar allí arriba resultaría imposible. Por otra parte, no me he portado muy bien que digamos en esta vida y, concibiendo el infierno como el peor de los castigos imaginable, para mí no sería otra cosa que la ausencia de tabaco. En un hipotético juicio por mis palabras, obras y pensamientos, resultaría condenado a la eterna y errática búsqueda de un estanco o un bar inexistentes como castigo que caería implacable sobre mí por los innumerables pecados y faltas cometidos. Y qué decir si no ocurriera lo primero ni lo segundo, ni subiera ni bajase, y me quedase atrapado entre dos mundos, convertido en un espectro deambulando por una dimensión intermedia. Me ocurriría como en la película, que no podría ser visto ni oído salvo por algún niño con cara de ardilla asustada de quien todos —incluido su psicólogo, que por cien pavos a la hora garantiza la culpabilidad de sus padres— piensan que está chalado. En todo caso, me vería convertido en una presencia etérea y, en consecuencia, incapaz de asir ni una miserable colilla y dar aunque fuera un par de caladitas. Finalmente, en el supuesto de no haber vida al otro lado, al no existir nada tampoco habría cigarrillos. En definitiva, que, sea lo que sea lo que nos espera —a pesar de nuestros escorzos vitales y la lucha estéril por no desvanecernos, como las volutas de humo—, el cielo, el infierno, un mundo paralelo o el vacío, una vez muerto no podré fumar, por lo que pienso seguir haciéndolo todo lo que pueda hasta mi último aliento, que será de rubio americano.

VIDA DE PERRO

Llevo una vida de perro. Despierto cuando no deseo dormir más y me desperezo sin disimulo. Saboreo con deleite alimentos especialmente preparados para mí hasta que quedo satisfecho; un menú, por cierto, delicioso, gourmet me atrevería a decir, que suele complementarse con alguna que otra golosina a modo de postre.

Todos los días mis dueños me llevan de paseo, haga sol, llueva o nieve. Disfruto del parque y de la ciudad, y gozo plenamente cuando vamos al campo. Me encanta sentir el aire contra el rostro; es divertido observar mis orejas alborotadas por el viento. Y es que no hay día en que mis cuidadores no me saquen a la calle, y me consta que en ocasiones se encuentran exhaustos debido al desgaste provocado por su absurda y estresante cotidianeidad: se pasan el día fuera de su confortable casa, trabajando para ganar el dinero que les permita pagarla, con lo que se privan del tiempo necesario para su disfrute. ¡Ay si me dejaran corretear libremente por sus zonas ajardinadas y nadar en la piscina...! Yo sí que le sacaría partido a semejante inversión. Algo similar les sucede con los hijos. Se reproducen para satisfacer un curioso instinto de permanencia en la Tierra una vez la hayan abandonado, algo que resulta contradictorio –o estás o no estás–, por lo que se podría deducir que también lo hacen para disfrutar de su crianza y compañía. Pero no es así, porque entonces trabajan todavía más para costear el salario de una persona que ha abandonado a su vez a los suyos a miles de kilómetros para dedicarse a cuidar a los hijos de otros. Cuando llega el fin de semana están tan agotados que carecen de energía y paciencia para escucharlos y atenderlos en una edad en la que los necesitan más que nunca. Por ello emplean su escaso tiempo libre en actividades que los alivien de la tensión acumulada durante la semana, con lo que, en definitiva, no les hacen ni caso. Y así hasta que los pequeños se hacen mayores y se marchan de la casa de unos desconocidos padres-proveedores que se han perdido los mejores años de su vida por estar trabajando para pagar una vivienda en la que apenas han vivido y el sueldo de una persona que les ha atendido a cambio de un sueldo que, a su vez, ha mandado a los que han criado a los suyos, a cuyo lado tampoco han estado. Sin duda, una manera de practicar el sentido de la responsabilidad un tanto extraña. Una locura, y eso que son ellos los que se denominan a sí mismos, con cierto aire de superioridad, «animales racionales». Bueno, a lo que íbamos, cuando nació el pequeño de los tres —el pobre no paraba de berrear, como si estuviera poseído, impidiéndoles descansar por las noches—, contrataron los servicios de una joven estudiante guapísima que solía rascarme el cuello con sus largas uñas de manera muy sensual por debajo del collar y me soltaba por las noches en el parque, dejándome hacer lo que me diera la gana. Mientras tanto, ella permanecía sentada en un banco inclinada sobre un aparatito rectangular que emitía luces y sonidos al que propinaba golpecitos con los pulgares sin despegar la vista de él.

En caso de caer enfermo —por ejemplo, la última vez que estuve con la joven rascadora aproveché su falta de vigilancia para zamparme todo lo que pillé por el suelo y me puse malísimo—, no es que tenga la opción, sino que accedo directamente a asistencia sanitaria de carácter privado. Es parecer un poco mustio o vomitar un par de veces y, con eso de que somos honestos y no sabemos fingir, nadie pone en duda que me encuentro mal y soy trasladado de inmediato a una clínica la mar de lujosa en la que un veterinario y su auxiliar se dedican a mí en exclusiva, a cambio, eso sí, de una buena pasta que mis dueños pagan religiosamente.

No me siento solo para nada; quizá un poco algún día en el que mis amos tardan más de la cuenta en regresar a casa, pero, como me quedo durmiendo, el tiempo transcurre con rapidez. El día que no veo a mis congéneres del barrio les dejo mensajes encriptados en orines y descifro los suyos con solo olisquearlos un poco. Así estamos en permanente comunicación por medio de una red de pises que nos proporciona información bastante precisa acerca de nuestras circunstancias.

En verano descanso en la terraza, que está en sombra, y cuando no pueden llevarme con ellos de vacaciones —en caso contrario, hay que ver cómo me hacen la pelota los encargados de los hoteles—, me dejan en residencias caninas en donde me lo paso genial jugando con mis amigotes. En invierno encuentro refugio en el interior de la vivienda, tumbado sobre una mullida colchoneta —como única pega diré que la decoración a base de huesitos de colores es un tanto ridícula— y cubierto con una mantita de felpa. Tampoco es de mi agrado el tener nombre. Lo sé, las personas piensan que un animal, y más un perro, sin nombre es sinónimo de desgracia y abandono, pero no siempre es así. El bautizarnos no es más que una manifestación de la dominación que los humanos pretenden ejercer sobre nosotros convirtiéndonos en mascotas en virtud de un señorío ancestral que arrancó con Adán y que durante siglos nos convirtió en bestias sin alma para poder ser explotados sin piedad. Pues bien, hemos pasado de la esclavitud de antaño a la anulación de nuestra esencia animal en virtud de un delirante intento de humanización, que en algunas ocasiones entra de lleno en el ridículo y, si me apuran, en el terreno de la enfermedad mental —y si no que se lo digan a Laky, que cuando llueve es exhibido sin pudor con chubasquero, pantalones, gorro y botitas—.

En épocas antiguas, el trato era mucho peor, sin duda, pero no intentaban desproveernos de nuestra animalidad, algo que tiene que ver con el hecho de que en los tiempos que corren, los humanos, desde que nacen, están viendo dibujitos animados en los que los de mi especie hablan, ríen, salvan a princesas... Disculpad este arranque subversivo, especialmente los hacendosos dueños —esa es otra: ¿desde cuándo la dependencia es sinónimo de propiedad?— que estéis leyendo estas líneas. Os ruego que no confundáis mis palabras con el menor atisbo de desagradecimiento, sentimiento que observamos que se da con bastante frecuencia en las relaciones entre los humanos, ya que nosotros somos genéticamente incapaces de sentirlo y, por consiguiente, de manifestarlo. Dentro de la complicada tarea de hacernos entender por los humanos nos resulta muy sencillo mostrar nuestra gratitud, ya que es algo que escenificamos de manera espontánea y sin imposturas.

Y todo esto a cambio de mover la cola, ladear la cabeza, hacer un par de monadas en el momento adecuado —dar la pata, y especialmente hacer que me muero tras un disparo imaginario son jaleadas sin pudor como algo extraordinario—, no ladrar en espacios cerrados, manchar lo mínimo, no mostrar agresividad con otros perros, y bajo ningún concepto con personas, y no romper nada.

Y ahora llegamos a la parte triste de esta historia, que, aun así, resulta gratificante. Cuando esté muy mayor, artrítico y dolorido, y no me sostengan ya las patas ni controle esfínteres, mis dueños —ahora sí se pueden llamar así— no alargarán inútilmente mi humillante vida y evitarán la prolongación de mi sufrimiento, acompañándome en un penúltimo viaje hacia la clínica veterinaria. Porque es cierto que vivimos en una especie de presente continuo —ese aquí y ahora que ellos tanto anhelan—, pero esto no significa que no nos demos cuenta de nuestro deterioro y, por añadidura, de que nos estamos marchando. Nuestros dueños son los que toman la decisión de dormirnos para siempre –porque lo del cielo de los perros está por ver–, algo que les agradeceré silenciosamente cuando llegue el momento. Me consta que lo pasarán muy mal, porque no es una decisión fácil y el tener en sus manos nuestra continuidad es para ellos un poder indeseado. La gestión de tal situación les genera sufrimiento, pero no les supone un dilema ético, como cuando se trata de la vida de sus familiares. Si lo que está en juego es la vida de un perro, ahí sí tienen la valentía de jugar a Dios. Es curioso, porque entonces hablan de «sacrificar» –aquí recobramos nuestra animalidad por completo–, cuando lo que hacen es ordenar nuestra muerte, pero este cambio de concepto los libera psicológicamente de toda culpa y responsabilidad.

Y ahora me despido de ti, lector, sin entender cómo hay tanto humano tan infeliz a pesar de tener la facultad de decidir libremente su destino y obrar con libertad. Sí, os pongáis como os pongáis, los humanos que yo conozco sois seres autónomos, que estáis donde queréis estar; otra cosa es que no os guste vuestro sitio y os refugiéis en rutinas sin sustancia para no pensar qué narices estáis haciendo con vuestra vida. Imaginaos cómo resulta depender de alguien para acciones tan elementales como comer y hacer vuestras necesidades. No entiendo sentimientos como la envidia, el desagradecimiento o la práctica del daño al prójimo como fin y no por la satisfacción de un instinto, como la caza o la defensa. En definitiva, que lleváis una vida de perros, pero lo mejor de todo es que os creéis que sois los amos. Y eso que no os he recordado que hasta nos recogéis las cacas.

MUNDOS PARALELOS

No le quedaba ni un diente, por lo que masticó con detenimiento el vino y, tras apurar de un trago las patatas, quedó profundamente dormido, momento que aprovechó para salir corriendo. Trataba de olvidar, a pesar de no acordarse de ella, la imagen de las lombriz coja maullando en la pecera; dicen que trae mala suerte, pero a él no le preocupaba porque era tremendamente supersticioso. «Amo la vida», dijo convencido antes de ingerir la cápsula de cianuro que llevaba oculta en un hueco de la dentadura.

Anónimo esculpido en el agua por mí

LOS HOMBRES DEL TIEMPO

Julio enmorra el Mehari en la arena. Quita el contacto, apaga las luces y echa el freno de mano. El reflejo de los testigos del cuadro de mandos ilumina débilmente el habitáculo. Pulsa el encendedor del salpicadero y, tras sacar de la cajetilla la punta de un cigarrillo dando tres precisos golpecitos en la parte inferior, lo atrapa con la boca. Está cansado y tan solo la rigidez que le provoca la tensión del momento logra mantenerle enhiesto en su asiento. El clic del encendedor ya dispuesto le sobresalta. Aspira del pitillo, prendiendo su extremo, que relumbra anaranjado, e inhala una primera calada con medida ansiedad. Retiene la bocanada en los pulmones y la exhala sincrónicamente por boca y fosas nasales sin alterar la expresión marmórea de su rostro, a excepción de los labios, que se afilan para lanzar un silbido mudo y ahumado. Gira por completo la llave del contacto y la oscuridad le unta con su brea atmosférica. El mar yace como una losa de abenuz, seca e inmóvil, ya que en esa playa sin nombre, inaccesible para los demás, no hay luna ni estrellas que osen clavetear la bóveda del mundo. El escay de la tapicería se adhiere a las corvas, hace sudar la espalda y empapa hasta la ropa interior. No consigue acostumbrarse a la espera pese a conocer cuál será su final, que se repite con exacta periodicidad el mismo día a la misma hora, año tras año. Mira el reloj: las doce menos cinco. Cuando resten un par de minutos para la medianoche deberá advertir de su ubicación al sucesor.

A lo largo de su vida solamente se comunica con él y con el antecesor, durante un minuto, a lo sumo dos, siempre inmediatamente antes de producirse el relevo. Con uno y otro suele intercambiar unas pocas palabras; tendrían tanto que contarse en tan corto espacio de tiempo que prefieren no hablar. Sus encuentros son siempre embarazosos, porque, mientras que el sucesor se muestra ávido por irrumpir en el presente, el antecesor se dispone sumiso a desaparecer en la nada hasta la llegada del próximo ciclo. La euforia del que vuelve a nacer contrasta con la angustia del que será ejecutado.

Julio tiene miedo. Incluso el antecesor, un tipo jovial ataviado con una camisa con estampado de flores y tocado con un sombrero de paja, balbuceó tembloroso la última vez que contestó a la pegunta.

—¿Preparado? —inquirió Julio.

—Nunca estaré preparado para esto. Cada año me resulta más difícil que el anterior. A veces deseo que llegue el día en el que todo se acabe —musitó el antecesor.

—Eso no depende de nosotros— concluyó en aquella ocasión Julio a modo de despedida.

Solo viven un mes al año. Se dedican a observar en soledad al ser humano: cómo nace, llora, ríe, se divierte, solloza, crece, ama, huye, mata, regresa, piensa, odia, vive, muere, fornica, duerme... No pueden ser vistos ni oídos porque son una mera abstracción, un concepto, un marco temporal más con el que el hombre acota artificialmente su existencia, ya delimitada en su totalidad por el principio y el fin, hecho que a su vez constituye la única verdad: todo lo que nace ha de morir.

Julio envidia al ser humano. Los hombres y las mujeres son también criaturas efímeras, aunque, a diferencia suya, desconocen cuándo terminará su caminar por el mundo. Pero, curiosamente, esta incertidumbre, algo tan aterrador como la evidencia de que podrían morir en cualquier momento, ha hecho que generen el recurso de vivir en una ficción de perpetuidad.

En ocasiones, Julio contempla con sorpresa cómo las personas casi nunca hablan de la muerte entre sí o con sus hijos. Es un tema tabú, por triste o desagradable, cuando debería ser una asignatura obligatoria en las escuelas y universidades, en las que se imparten horas y horas de materias absolutamente prescindibles. Hace dos días, Julio contempló la siguiente escena: el periquito de un niño amaneció sin vida en el suelo de su jaula. Sus padres, nada más verlo, lo recogieron con cuidado y, tras envolverlo en una servilleta de papel, introdujeron el cadáver en una bolsa de plástico y lo arrojaron apresuradamente a la basura antes de que su hijo se levantara de la cama. Cuando este despertó, contempló la jaula vacía con su puertecita metálica abierta, tal y como la habían dejado intencionadamente los padres. Entonces ambos progenitores, anticipándose al ejercicio del pensamiento por parte de su hijo, le impidieron concebir, si siquiera como lejana posibilidad, la idea de la muerte. Le explicaron con detalle la farragosa teoría de que el pajarito se había hecho mayor y se había marchado volando en busca de nuevas aventuras junto con otros periquitos, amigos suyos, que habían venido a buscarlo.

Los humanos fantasean con una vida que, salvo desgracias o enfermedades, podría ser longeva, no como la suya, con una duración conocida de antemano. Por el contrario, Julio, aun siendo consciente de este dato, en vez de vivir plenamente lo hace en el desasosiego. El hombre puede estar en pareja o rodeado de los suyos y a menudo se permite incluso el lujo de elegir la soledad como algo necesario y fecundo. En cambio, Julio y los que son como él tan solo pueden mantener unos instantes de conversación con el antecesor y con el sucesor. El resto de su existencia transcurre forzosamente aislada. Pueden mirar a los humanos, pero no comparten con ellos absolutamente nada.

Julio pinza la colilla con los dedos pulgar e índice y la dispara lejos, siguiendo con la mirada su vuelo de luciérnaga herida. Entonces dibuja con los faros tres ráfagas de luz que «flashean» la imagen del sucesor, dándole un aspecto fantasmagórico. Este se aproxima hacia el vehículo con paso fofo pero implacable. No ha cambiado nada: jadeante y seboso, se enjuga el sudor de la frente con un pañuelo.

—¡Hace calor!, ¿eh? —siempre dice lo mismo—. ¿Cómo han ido las cosas?

—Ya sabes. Ha habido de todo.

—¿Preparado?

—Sí —Julio respira hondo.

—Hasta el año que viene.

—Hasta entonces, pues.

Julio le estrecha la mano, húmeda y regordeta, y ve cómo se aleja con dificultad entre las dunas, que ceden a la dúctil presión de sus pies descalzos hasta que es engullido por las fauces de la noche. De súbito, una enorme ola ruge arqueando el lomo sobre él y lo sepulta junto con su Mehari, que también desaparece bajo las aguas. El eco del violento embate del mar contra la tierra persiste durante unos segundos. Mientras tanto, agosto prosigue su caminar, sabedor de lo que ocurrirá dentro de treinta y un días.

EL BANCO DE LOS VIEJOS

Aquella mañana, Berta llamó a su compañera de trabajo, conocedora de que en ese preciso momento se encontraba viajando en metro de camino a la oficina. Esto suponía que tenía el móvil fuera de cobertura –ya había hecho la oportuna comprobación un par de semanas atrás, argumentando con posterioridad que había llamado por error–, por lo que el mensaje preestablecido que informa de este extremo saltó de manera automática, eliminando cualquier posibilidad de mantener una conversación. Siguiendo el plan trazado colgó, dejando constancia de que había intentado hablar con ella sin éxito, e inmediatamente después envió un audio por Whatsapp para que fuera escuchado cuando saliera a la superficie, aproximadamente en una media hora. En él contaba, con voz quejumbrosa, que no podría acudir a la oficina: un ataque de lumbalgia la mantenía prácticamente inmovilizada, por lo que había tenido que tomar un relajante muscular que le haría descansar toda la mañana. De esta manera evitaba la devolución de la llamada y un eventual diálogo que habría que rellenar de explicaciones y lamentos complementarios. Si le contestaba con otro audio, que era lo habitual, tan solo tendría que escucharlo al regresar a casa, momento en el que, en teoría, podría haberse despertado.

Había adelantado la alarma y, tras despertarse de madrugada, había tomado una ducha y un café con una tostada, por lo que, inmediatamente después de la declamación sobre su estado de salud, salió a la calle sin perder un instante. La ciudad comenzaba a desperezarse, pero iba bien de tiempo.

Atajó por las callejuelas adyacentes y en apenas unos minutos se encontró frente al parque donde solía hacer *footing* antes de entrar en la oficina, siempre que el tiempo fuera mínimamente apacible. Atravesó por una portezuela la verja de hierro forjado que lo circundaba y, una vez en el interior, anduvo con agilidad por el camino central de tierra que lo dividía. Contempló las hileras de árboles situados a los lados y la sucesión de arcos que formaban gracias al combamiento de su ramaje. El incipiente cargo de conciencia motivado por el incumplimiento de sus obligaciones cotidianas se tornó en una intensa emoción cuando localizó el nacimiento del sendero que debía conducirla al lugar deseado. No tardó en llegar a una recóndita placita de suelo adoquinado en la que se encontraba aquel banco frente a la fuente de piedra cuyo disfrute parecía privilegio de una anciana cenceña y mal encarada que acudía prontísimo todos los días, para ocuparlo antes que nadie. Ni una sola vez había conseguido llegar hasta allí antes que ella: siempre se había topado con su incómoda y excluyente presencia. Se acomodó en él. Una inesperada ráfaga de aire helado le provocó un escalofrío. Cerró los ojos y, con gesto de muda satisfacción, apuntó la barbilla hacia el cielo y se dejó dorar por el reflejo de aquella alborada de otoño, limpia y fresca. Nada más abrirlos observó cómo sus manos huesudas temblaban sin control, llenas de manchas y surcadas por nudosas venas de color azulado. Se levantó de un salto y abandonó el lugar a toda prisa.

EL ABOGADO MISÓGINO

En esta vida existen dos certezas: la muerte y los impuestos. Pero para el abogado Sotoleón había una más: el profundo odio que profesaba hacia las mujeres.

Sotoleón ejercía como abogado defensor únicamente de hombres en causas en las que el denunciante fuera una mujer que hubiera sido fehacientemente agraviada. Era conocido y temido en el mundo de la judicatura, ya que un porcentaje importante de las exorbitantes minutas que cobraba por su asistencia letrada iba destinado a sufragar la labor de una red de asistentes sin escrúpulos encargados de investigar y averiguar cualquier información que pudiera ser utilizada para coaccionar y chantajear a jueces, fiscales, miembros de los jurados o a las propias víctimas, en este último caso con el objetivo de que se retractaran de sus acusaciones. El fin —vengarse de las mujeres, que tanto dolor le habían causado— justificaba los medios. La satisfacción que le proporcionaba una sentencia absolutoria era tanto mayor cuanto más nítidamente los hechos acaecidos probaran la culpabilidad de su defendido.

Sotoleón había nacido deforme y su madre lo abandonó en un contenedor de basura nada más parirlo. Al ser encontrado por el personal de limpieza, fue confiado a los servicios sociales, que se hicieron cargo de él hasta que, siendo todavía muy chico, fue derivado a un centro de acogida. En ese lugar, tanto la directora como las dos cuidadoras se dirigían a él como «el muñón» y «la cosa horrible». Las burlas de sus compañeros eran constantes y especialmente dañinas las provenientes de un grupo de niñas que no paraban de pellizcarlo, golpearlo e insultarlo día sí y día también. Tenía cinco años cuando, para su sorpresa y la de la directora del centro, la comunidad resolvió positivamente un expediente de adopción en respuesta a la solicitud de una señora ordinaria y vocinglera que lo había visitado meses atrás y de la que tan solo recordaba su rostro enjuto y unas manos toscas y coloradas que olían a pescado.

Su nueva vida consistió en limpiar de basura y despojos la pescadería de la que su adoptante era dueña, a cambio de algo de comida y constantes palizas. Tras la deseada muerte de aquella mujer, heredó el negocio, aunque no tardó en traspasar el local y en vender la enorme y destartalada casa en la que había malvivido hasta entonces. Con el dinero resultante de ambas operaciones compró un coqueto piso en el centro y se matriculó en la escuela a distancia para obtener el título de bachiller, tras lo cual decidió acudir a la universidad con el objetivo de conseguir la licenciatura en Derecho, titulación que le permitiría desempeñar la profesión de abogado y escalar hasta la posición social a la que aspiraba y desde la cual podría ejecutar su plan.

Durante su estancia en la facultad pudo sentir el rechazo reiterado de los compañeros en general y de las chicas en particular, que lo evitaban, no solo debido a la repulsa que generaba su desagradable aspecto, sino sobre todo al indisimulable mal carácter que manifestaba y que se expresaba en unos modales ofensivos en su relación con las mujeres, a las que odiaba con intensidad creciente. Tras licenciarse como número uno de su promoción, montó un despacho de abogados, desde el cual empezó a ejecutar, fría y metódicamente, su venganza contra el género femenino. No dudaba en abusar de su posición en situaciones en que las mujeres se encontraban indefensas y vulnerables, con el fin de provocarles el mayor daño posible. De ahí que recibiese de forma habitual anónimos repletos de insultos y amenazas, así como pasquines de asociaciones feministas protestando por su actitud y exigiéndole rectificaciones, que leía como entretenimiento y que, lejos de amilanarlo, lo motivaban para proseguir con su destructiva labor.

Uno de los casos en los que se encontraba trabajando era el instado por Aurelia Peje, de profesión tarotista y bruja de magia blanca —así constaba en su web—, contra su cliente, denunciado por abusos sexuales perpetrados el día en el que había acudido a su gabinete reclamando servicios de videncia. Esa tarde, abrió el buzón y entre la numerosa correspondencia y anuncios de comida a domicilio llamó su atención un sobre anaranjado de mayor tamaño que lo habitual. Su tacto era rugoso y venía lacrado en su remite con cera roja, sobre la cual se había estampado un enigmático sello con la silueta de un pez. Apremiado por la curiosidad, lo abrió sin demora y comprobó que contenía una carta manuscrita a plumilla, con letras cuidadosamente trazadas sobre papel de papiro con una grafía más propia de un escribano del medievo que de alguien de nuestro tiempo. En ella se le prevenía en un castellano arcaico: «...Que, de impedir la acción de la justicia humana, a expensas del amenazador desagravio celeste que se cierne sobre su aura, un sortilegio tan poderoso como el mar enfurecido por la tormenta actuará sobre su persona». Asimismo, se le sugería que obrara honestamente y en conciencia, ya que «...solo de esa manera encontrará su paz de espíritu, ahora en manos de los poderosos demonios del rencor y de la ira». La carta iba firmada por Aurelia Peje, bajo el mismo sello, en esta ocasión entintado, que figuraba sobre el lacre del remite del sobre. «¡Putas estúpidas!» dijo para sí, antes de hacer un sonoro gurruño con el escrito, para después arrojarlo con violencia en la papelera situada junto a los ascensores.

Pasaron un par de meses antes de conocer la resolución judicial, que resultó absolutoria para su cliente. Unas fotos comprometedoras del juez entrando en un club de carretera deslizadas por debajo de la puerta de su despacho, junto con unas escuetas indicaciones anónimas, habían resultado determinantes para dar un giro radical al sentido de un fallo que se esperaba fuera condenatorio. Nada más terminar de leer con deleite la sentencia, Sotoleón comenzó a sentirse indispuesto. Le dolía la cabeza y se sintió fatigado e invadido por un sueño excesivo, dada la hora de la mañana y más aún teniendo en cuenta que se había tomado ya tres cafés. Asimismo, notó una hinchazón abdominal sin precedentes, acompañada de repetidas náuseas. Vomitó en un par de ocasiones y acudió sin dilación al médico de urgencias, quien, tras realizarle una segunda analítica confirmatoria de la anterior, no pudo más que darle la enhorabuena por su embarazo. Sotoleón se palpó por encima del jersey, comprobando el crecimiento exagerado de sus pechos y la dolorosa hinchazón de sus pezones. Observó atónito cómo el bulto que habitaba bajo su bragueta desaparecía en cuestión de segundos, succionado por una extraña fuerza centrípeta, al mismo tiempo que sus glúteos aumentaban considerablemente de tamaño hasta el punto de sobresalir por ambos lados de la silla. A pesar de su calvicie, notó su pelo de un rubio platino cayendo en cascada sobre los hombros. Se miró las manos buscando en ellas algo de sí mismo. Le parecieron raras —los dedos habían adelgazado y sus uñas crecido—, pero lo más extraordinario fue que en pocos segundos, como por arte de magia, se autocolorearon de un rojo brillante. Aterrorizado, exclamó un: «¡No puede ser!», que silenció de inmediato al comprobar que su tono de voz sonaba insoportablemente agudo y estridente. Abandonó la consulta a toda velocidad.

A los pocos metros, se torció un tobillo —no estaba acostumbrado a caminar embutido en aquella minifalda de tubo negra, que nunca había visto con anterioridad, y con aquellos tacones de aguja que alguien había pegado en las suelas de sus zapatos—, y se cayó justo a la entrada del hospital. Fue ayudada a levantarse por un hombre que la agarró por las axilas, a la vez que aprovechaba para magrearle descaradamente los senos, tras lo cual le propinó una sonora palmada en las nalgas a modo de despedida. Mientras se alejaba cojeando, ya en la calle, tuvo tiempo de escuchar un par de piropos malsonantes.

LOBOS

Pura siempre había vivido en su palloza. Allí nació, creció, se casó, parió tres hijos varones y enviudó. Uno de los críos murió de pulmonía a los cuatro años y los otros dos fueron creciendo y marchando. Un día, cuando caía la noche, acudieron a buscarla. Dejaron aparcado el todoterreno a la entrada del bosque de alisos que la rodeaba y lo cruzaron a pie, empapados de una niebla baja y espesa que, a pesar de no traspasar los chubasqueros ni las botas, transmitía la humedad hasta los tuétanos. La ausencia de Mouro, el viejo mastín, enterrado por su dueña hacía un par de semanas, impidió que sus roncos ladridos anunciaran su proximidad.

La casa de Pura no solo era una de las últimas pallozas que quedaban en pie en el concello, sino también la única de toda la comarca no destinada a fines turísticos y que todavía conservaba su construcción originaria de piedra, madera y paja, sin luz, agua corriente ni calefacción. Pese a su edad y lo precario de sus condiciones de vida, Pura era una mujer tranquila y risueña. Junto a ella dormían dos vacas y tres ovejas, separadas por una pared de tablas, que le proporcionaban calor durante las noches. Los lugareños solían decir que en aquellos bosques pasaban el invierno los inviernos. Como agradecimiento, ella resguardaba a los animales de los lobos, que bajaban del monte a merodear en busca de comida. Pura se alimentaba a base de leche de cabra, hongos y grelos que cocía sentada en un banco frente a la hoguera de la lareira, dentro de un gran pote de hierro. De vez en cuando, cortaba un trozo de uno de los chorizos, cada vez más ahumados, que colgaban del cañizo y que le había traído un matrimonio de paisanos que hacía ya mucho tiempo que no se acercaban por allí.

Una tenue luz ambarina, reflejo del fuego encendido, trascendía a través de los ventanucos de la casa. Los chicos empujaron la puerta de madera, que crujió con brusquedad, y encontraron a Pura calceteando. Estaba sentada en un taburete con la espalda apoyada en el grueso tronco que, situado en medio de la estancia, sujetaba toda la estructura de la vivienda; daba la sensación de que su tosco cuerpo estuviera contribuyendo a esa labor. Alzó la cabeza y miró a sus hijos con el gesto de alguien que rumiara un recuerdo muy agradable que no necesitase compartir con nadie. La prendieron y se la llevaron de camino a una residencia ubicada en la capital, a varios cientos de kilómetros de distancia. Mientras uno conducía, el otro la acompañaba, vigilante, en el asiento trasero del vehículo.

Los trámites para obtener la incapacitación, requisito indispensable para poder administrar libremente sus propiedades como legítimos herederos, se encontraban ya muy avanzados. En cuanto pudieran ordenarían el derribo de la construcción y podrían disponer libremente de la parcela que la circundaba. En ella construirían media docena de chalés que posteriormente venderían a buen precio, parte del cual iría destinado a las arcas del ayuntamiento, que antes habría aprobado la recalificación del terreno, originariamente rústico, como superficie urbanizable.

Llegaron a la residencia a altas horas de la madrugada. Allí los esperaban un médico y dos corpulentos celadores. Nada más llegar, le administraron una inyección de sedantes y la ducharon. Posteriormente la pusieron un camisón azul claro, para después atarla fuertemente a la cama de pies y manos con correas de cuero.

No habría transcurrido más de una hora desde que la acostaran cuando la enfermera de guardia hizo la pertinente ronda de vigilancia y entró en la habitación para comprobar que todo estaba en orden. Pero Pura había desaparecido de su aséptica habitación de ásperas sábanas y olor a desinfectante, a pesar de que las correas permanecían, para sorpresa del personal de la institución, sin desanudar. Se preguntó a los guardias de seguridad, pero nadie había entrado ni salido del recinto aquella madrugada, como fue corroborado tras una exhaustiva comprobación de las grabaciones de las cámaras de seguridad. La buscaron habitación por habitación, rincón por rincón, por todas las dependencias del edificio. Pura no estaba allí.

Cuentan que al despuntar del alba la vieron a pocos metros de su palloza, abrazando a una oveja malherida a la que acariciaba y besaba en el hocico, susurrándole al oído una canción que decía: «*Miña ovella, douche o folgo e quítote o sollo*»[2].

---

2   «Douche o folgo e quítote o sollo» (Te doy el aliento y te quito el sollo). Cuando un lobo ataca el ganado, es necesario lavarle a este las heridas de inmediato para «quitarle o sollo», pues, en caso contrario, no sobrevivirá a la ponzoña. Se cuenta que, siglos atrás, algunas mujeres practicaban el rito mágico de quitar el sollo mediante el aliento, haciendo una especie de boca a boca al animal, tranquilizándolo y curándolo con estas palabras.

EL HOMBRE QUE SE SENTABA DE ESPALDAS AL MAR

Ya de niña, Estrella se detenía frente a los escaparates de las agencias de viajes que mostraban una playa de arena blanca repleta de cocoteros y tumbonas junto a un agua color esmeralda o la imagen de un barco crucero surcando imponente los océanos. Podría permanecer así, de pie, inmóvil delante de los carteles, durante horas, porque aquel azul la embelesaba hasta el punto de sentirse desaparecer en él.

Los días en la escuela transcurrían anodinos y disciplinados hasta que sonaba la campana y todos abandonaban el aula en estampida de vuelta a casa, para merendar el bocadillo de chocolate con mantequilla que les preparaba su madre. Todos menos ella, que acudía a la playa y se sentaba a mirar el mar. Solo de esta manera se sentía acompañada y parte, aunque minúscula, de algo que trascendía a su persona. Era tal la necesidad de contemplarlo, su deseo de perderse en él, que aguzaba la vista tratando de no ceder al pestañeo para no perder ni una décima de segundo del maravilloso espectáculo, aunque primero el escozor y luego las lágrimas que anegaban sus pupilas lo hacían imposible.

Estrella tenía catorce años cuando le conoció. Un mañana de verano, mientras paseaba, le vio sentado en la orilla con las rodillas flexionadas y los brazos rodeando las piernas, pero no como lo haría cualquier persona normal.

El hombre estaba sentado de espaldas al mar. Observaba la meseta que lo dominaba y que bajaba hasta la orilla. Caminó hacia él y pudo contemplar cómo en su nuca llevaba tatuado un ojo abierto, con largas pestañas y carente de expresión. Entonces, sin saber por qué, se sentó a su lado. A Estrella le llamó la atención su constitución atlética, en contraste con los ojos, de un azul resplandeciente, que proyectaban la mirada de un anciano pleno de sabiduría y experiencia. Permanecieron juntos, en silencio, cada uno mirando hacia un lugar distinto, durante un largo rato. El hombre más que una persona era una presencia silenciosa y Estrella no se sintió incómoda con su compañía. El único sonido no solo soportable, sino necesario para ella, era el de las olas yendo y viniendo, la sístole y la diástole del corazón de alguien infinito, que podría estar ahí mismo y en cualquier otro lejano lugar.

—¿Cómo te llamas? —preguntó ella.

—Mariano —contestó titubeante. Parecía un bebé que pronunciara sus primeras palabras, verbalizando la única asimilada después de un arduo proceso de aprendizaje.

A Estrella le gustó el nombre, porque contenía la palabra mar y además sus pupilas entonaban a la perfección con el paisaje marítimo. No le interesó nada más de aquel individuo tan peculiar.

—¿Quién eres tú? —preguntó él, prendado al instante de su cabellera castaña, a juego con los ojos del color de la tierra mojada.

—Me llamo Estrella.

—No te he preguntado tu nombre, sino quién eres.

—No sabría qué contestarte; solo sé que quiero el mar.

—Pero el mar no es de nadie; al contrario, todos pertenecemos a él.

—Eres extraño, pero no me disgustas.

—Gracias. Eres preciosa, pero, si no comienzas a estar contigo, tu belleza se marchará.

—No te entiendo.

—Es muy sencillo. Tienes que ver dentro de ti; navegar tus mares y caminar tus desiertos. Aceptarlos y construir a partir de ahí. Somos la imagen de nuestro interior y, si sigues huyendo, mirando y buscando fuera de ti, serás el reflejo de tu pérdida.

—No sé de lo que hablas. Espero comprenderte alguna vez.

—Ojalá sea así.

A partir de entonces, todos los días se encontraron en el mismo sitio y ambos adoptaban idéntica posición: mientras una miraba el mar, el otro contemplaba sus cabellos brillantes y veía en ella un corazón limpio pero desmadejado, en riesgo de ser abandonado a medida que crecía la obsesión por el piélago que se extendía, frente a ellos, cercano pero inaprensible. Pensó y llegó a la conclusión de que lo daría todo para salvarla, cumpliendo así con lo que creyó que era la misión de su vida.

Cuando Estrella cumplió dieciséis años, Mariano le pidió matrimonio. Ella le dio el sí, a condición de que vivieran en una casa con vistas al mar, desde la cual pudiera contemplarlo y escucharlo en todo momento. Y así se hizo.

Transcurrió el tiempo al ritmo que marcaba el oleaje, como un metrónomo desajustado pero implacable del fluir de la vida. Cada vez con más frecuencia, Estrella, al llegar la noche, se quedaba a dormir en la butaca de la terraza para despertar y que el mar fuera lo primero con lo que se encontraran sus sentidos, inundándose de su infinitud. A menudo se olvidaba de comer y de beber, y comenzó a descuidarse de manera preocupante. Mariano, por su parte, seguía creyendo que podría curarla de su extraña enfermedad con su mera dedicación. Para ello inventó variados juegos y se le ocurrieron mil distracciones con las que intentaba en vano que abandonara aquella obsesión que iba secando su alma día tras día, gota tras gota. Habló con ella, trató de explicarle, la amó sin condiciones, incluso amenazó falsamente con abandonarla con el fin de provocar una reacción, pero todo fue inútil. La visión permanente del mar ya no era suficiente; no se conformaba con contemplarlo a todas horas. Estrella quería poseerlo, lo ansiaba para ella, y esa pretensión ilusoria e incontrolable implicó un sentimiento de rabia y frustración que se fue adueñando de su carácter, paulatinamente ensombrecido como el cielo cuando engendra negros nubarrones anunciadores de la tormenta que se aproxima.

Pasaron los años y Estrella envejeció anormalmente deprisa. Su piel, siempre en contacto con el sol y la brisa marina, en especial la que cubría su rostro, en vez de adquirir un tono bronceado y saludable, se tornó curtida y negruzca, como la de un viejo náufrago abandonado desde hace décadas, rayada por cientos de estrías que le hacían aparentar mucha más edad de la que en realidad tenía. Además, sus antaño hermosos cabellos se deslustraron hasta convertirse en una mata de pelo sin brillo y tacto estropajoso. Él, en cambio, no acusaba el paso de los días; su cuerpo y su aspecto permanecían exactamente igual que en la mañana en que se encontraron por primera vez, por lo que llegó un momento en el que la diferencia de edad entre los dos no solo se compensó, sino que incluso empezó a jugar a favor de Mariano. Aparentaba ser mucho más joven que ella, hasta el punto de que la gente de la zona llegó a rumorear que era su hijo y que a ella le había abandonado su marido cansado de soportar su hosco carácter.

Mariano seguía sentándose de espaldas al mar, frente a ella. Le preguntaba por lo que le había pasado en su vida antes de conocerla, pero Estrella guardaba silencio. Quería escucharla y abrazarla; acompañarla en ese dolor que tenía que dejar salir y llorar hasta el final. Solamente así, desde sus heridas, podría reconstruirse y comenzar a vivir. Pero ella solo quería mirar el mar, huir hacía un horizonte difuso, anestesiada por aquel azul inalcanzable, igual que cuando de niña se detenía frente a los escaparates de las agencias de viajes. Porque eso es lo que seguía siendo Estrella: una niña herida que nunca había llorado, porque en su momento le habían hecho creer que las cosas tenían que ser así. Ahora, Mariano empleaba todas sus energías en asistirla, convertida en un ser dependiente e impedido con el que cualquier intento de comunicación resultaba del todo imposible. Hasta que una noche en la que la luna dibujaba un sendero de luz que nacía en la lontananza y llegaba hasta la orilla de la playa, Mariano volvió a hablar con ella...

—Pensé que podría salvarte dándolo todo, vaciándome en ti, pero me he equivocado. Creí que yo era suficiente y no he conseguido ni siquiera que me veas.

—Claro que te veo, estás todo el tiempo ahí, frente a mí, como un pasmarote.

—No me ves, Estrella. Pero la culpa no es tuya, sino mía. Confié en que podría ser el tablón al que te agarrases para flotar, pero no me di cuenta de que, para vivir, antes debes aceptar el naufragio de tu vida, tocar fondo para poder salir de nuevo a la superficie.

—Miro al mar, es lo único que me interesa. El color de tus ojos es idéntico al del mar, incluso cambia de tonalidad imitándolo durante las distintas fases del día, pero no es suficiente. Me negaron mi mar cuando debieron dármelo y eso ya no tiene solución. Hace mucho tiempo, antes de que nos encontráramos, intenté recuperar lo que me habían quitado, pero se me escapó la vida que me quedaba en el intento y no valió para nada. Por eso prefiero perderme en este otro mar inabarcable.

—Tienes tu propio mar dentro de ti, que sigue gris y turbio, lleno de cadáveres que flotan al pairo; el sufrimiento que te produce verlo es como un arpón atravesándote, lo sé. Pero también sé que únicamente buceando en tu propio mar podrás tocar fondo y salir a una superficie de aguas nuevas y cristalinas. Y solo en ese momento, si tú quieres, te servirá de algo el mar de mis ojos.

—No dices más que tonterías que no me interesan.

—Además, pensé que amarte sin esperar nada sería suficiente para salvarte. Esa era mi misión... Me he dado cuenta de que, fuera de la marea de los sueños, lo que no es mutuo es tan solo brea.

—Eres un ser muy extraño. Me pregunto de dónde habrás salido. Si no te importa, no tengo fuerzas para seguir con esto.

El deterioro de Estrella se aceleró sin solución y en pocos meses presentó el aspecto de una estantigua. A pesar de las reiteradas indicaciones de los médicos, no consintió en ingresar en el hospital provincial. Este se encontraba en el interior y desde las ventanas de sus habitaciones el mar era inalcanzable para la vista. Mariano contrató a dos enfermeras que se alternaban en los cuidados y trasladó su dormitorio a la terraza, ubicando su cama junto al mirador. Permanecía a su lado cada segundo, como siempre, frente a ella y de espaldas al mar. Una tarde, poco antes de fallecer, fue Estrella la que se dirigió a él.

—Nunca te he preguntado por qué llevas un ojo tatuado en la nuca.

—Hay ojos que miran y ojos que ven.

—¿Y de qué tipo es el del tatuaje? —preguntó con una medio risa burlona que terminó en una estertorosa tos.

—Ese es el ojo que mira.

—¿Y los de tu cara? Esos ¿a qué modalidad pertenecen? —interrogó en un tono sarcástico.

—Esos son los ojos que ven.

—¿Y cuál es la diferencia entre mirar y ver? ¡Menuda estupidez!

—El ojo que mira es el que no sabe ver el interior de uno mismo. Sus miradas se pierden en la contemplación de lugares ficticios y volátiles. Por eso el mío es un tatuaje, un ojo ciego, muerto. Por el contrario, los ojos que ven son los que buscan y encuentran la vida que anhelan después de haber observado el fondo del mar, frío y oscuro. Los ojos que ven son los únicos capaces de viajar desde allí hasta el único azul real, que sigue estando dentro de uno mismo.

—Lo único real es el mar y tú te lo has perdido todo este tiempo.

—El mar está en mí y en ti, en nosotros. Tus ojos no han podido verlo porque solo saben mirar. No puedes aspirar al mar si no visitas primero el fondo del tuyo propio, lo reconoces, lo aceptas, tus labios se amoratan, tiritas aterida y gritas de miedo sin que nadie te escuche. Y cuando ya no te queda aire en los pulmones, en ocasiones incluso cuando ya estás muerto, sin saber cómo tomas impulso y llegas hasta la superficie.

—Bobadas. No hay quien te entienda. Además, ¿es que no te das cuenta de que nunca he querido que me rescates? ¿Acaso te he pedido alguna vez que me salves? Eres un ser muy extraño.

Una mañana, cuando comenzaba a amanecer, el corazón de Estrella se detuvo. Mariano le dijo a la enfermera que quería estar a solas con ella y le pidió por favor que abandonara la casa para disfrutar de unos momentos de intimidad y así poder despedirse. Cuando la enfermera cerró la puerta de la casa, Mariano la tomó en sus brazos y bajó a la playa. El cielo, teñido de un rojo violento, contrastaba con el mar en calma, semejante a una plataforma de mercurio, de idéntico color al iris de los ojos de Mariano. Acomodó el cuerpo de Estrella cerca de la orilla y tomó un puñado de arena para dejarla caer lentamente sobre su pecho, como lo haría un atávico reloj. La cogió de nuevo y se introdujo en el agua, hasta que ambos desaparecieron entre las sombras, a la espera de emerger de nuevo en alguna otra orilla.

SORPRESA DE ÚLTIMA HORA[3]

Todo el mundo puede celebrar su cumpleaños, menos yo. No sé en qué hipotética fecha pude venir al mundo. Debió de ser cuando tuvo lugar la formación de la Tierra a partir de la nebulosa protosolar, hace unos cuatro mil quinientos cuarenta millones de años, más o menos, o bien cuando el dios de cada cual chascó los dedos y comenzó todo este lío del vivir. En definitiva, habría que situarse en el principio de los tiempos, en el momento en el que se manifestó por primera vez la vida en el planeta, aunque mi nacimiento, de haber ocurrido entonces, sería difícilmente explicable, sobre todo desde un punto de vista científico. En consecuencia, tampoco existe mi onomástica; resultaría chocante leer semejante santoral en calendarios y almanaques. Por mucho que me lamente, debo aceptar que nunca seré felicitada por el día de mi aniversario ni por el de mi santo. Los humanos –unos maestros del autoengaño, especialmente los del mal llamado «Primer Mundo»– me han convertido en un tabú, inventando la ficción de que no existo mientras no se hable de mí. Resulta sorprendente comprobar

---

3   Este relato fue escrito durante el confinamiento decretado por el gobierno debido a la irrupción en nuestras vidas del virus llamado COVID 19. Se trata de un pequeño e insuficiente homenaje a los fallecidos y a sus familiares y amigos que no pudieron despedirse en vida de ellos, así como al personal de los hospitales y residencias, transportistas, miembros de las fuerzas y cuerpos de seguridad del Estado, ancianos que han vivido la pandemia en soledad, amas de casa que multiplicaron sus esfuerzos y, sin dinero y con imaginación, atendieron a los suyos, personas que tuvieron que cerrar sus negocios y son presa de las deudas y un largo etcétera de seres humanos que ejercieron de héroes, pero sin súperpoderes.

que en los libros de texto no se encuentra ni una referencia a mi entidad individualmente considerada, cuando mi presencia permanente en la historia de la humanidad –desde su comienzo, y ya veréis durante su final– debería ser suficientemente relevante, al menos para valorar mi inclusión como asignatura obligatoria en los programas educativos. En esta línea, es curiosa la superstición de que si soy mentada –advierto de que hablo en femenino por una cuestión de concordancia sintáctica, pero que conste que soy de género neutro– puedo presentarme antes de lo previsto; me encanta la gente que no hace testamento por este motivo; debe creer que tengo línea directa con registros y notarías y que me llevo una comisión de sus abusivos honorarios. En definitiva, que nadie se acuerda de mí excepto los que están a punto de irse y los que acaban de marcharse.

Pero no todo es ignorancia y ninguneo, ni mucho menos. Dependiendo del lugar, y gracias a esa pintoresca costumbre de apodar el último instante de la existencia y de otorgarme la categoría de entidad antropomórfica, tengo numerosos y variados sobrenombres. «La Poderosa Señora» y «la Imparcial», son mis favoritos. Otros, como «la Ineludible», «la Cierta» o «la Novia Fiel» –este último no lo entiendo, porque hasta hoy no he conocido hembra ni varón– no me desagradan. «La Pelá» no resulta ofensivo, ya que mi alopecia no es sobrevenida, por lo que se trata de un apelativo sin malicia. «La Dentona» ya me empieza a incomodar. «La Fea» es cuanto menos discutible, ya que la belleza es una cuestión subjetiva. «La Triste» no se corresponde con la realidad, ya que tengo un gran sentido del humor; de hecho, soy la protagonista de numerosos chistes y *sketches*. Me encanta el de los dos vagabundos que están entumecidos por el frío, enfermos y sin comida debajo de un puente, y uno de ellos le dice al otro: «¿Crees que habrá vida después de la muerte?»

y el otro le contesta: «¿Tú crees que la habrá antes?». También me llaman «la Tembleque», un apodo injustificado, ya que tengo un pulso fantástico a pesar de mi edad. «La Pestosa» o «la Hedionda» carecen de fundamento; no tengo piel y, por consiguiente, glándulas sudoríparas que puedan provocar olor de pies o de axilas. «La China Hilaria», «la Canica», «Patas de Catre» o «el Esqueleto Rumbero», he de reconocerlo, tienen su gracia.

Por ello he decidido hacer un cambio de *look* y apostar por otro más actual y vistoso, con el fin de emprender un proceso de normalización de ese trascendente momento que me da nombre y así convertirlo en un fenómeno más llevadero.

En primer lugar, voy a abandonar la pesada guadaña que me acompaña desde hace siglos y siglos. A pesar de que mi leyenda dice que con ella pongo fin a la existencia del individuo, jamás la he usado ni tengo intención de hacerlo. Mi misión consiste en llevarme a las personas a su destino según sus creencias. Yo no mato a la gente, no soy una genocida, sino una mera transportista: el hombre ya se las apaña muy bien para morir por cuenta propia. En segundo lugar, sustituiré el aparatoso reloj de arena por un cronógrafo digital con cuenta atrás e iluminación nocturna. Había pensado en un *smartwatch*, pero tiene tantas chorradas que me he dado cuenta de lo dificultoso que me resultaría entender su funcionamiento, y es que la edad y las nuevas tecnologías no acostumbran a hacer muy buenas migas. En tercer lugar, necesito con urgencia unas zapatillas de deporte, unas *running* con una buena suela amortiguadora, que absorba el nivel de impacto en mis trabajadas articulaciones. Pero lo que más ilusión me hace es ponerme un gorro de colores con forro polar, a poder ser con estampado de flores —me encantan los girasoles y estoy harta de tanto gladiolo y crisantemo—, y es que en invierno se me hiela el cráneo y la capucha que llevo no abriga nada. Es cierto que de ella salen jirones de humo, pero no engañemos al personal; son efectos especiales.

Aun así, estos cambios no son más que la consecuencia de una crisis personal que trasciende el plano meramente estético. Lo que se esconde en realidad bajo estas iniciativas es un dilema de carácter existencial. Antes de la pandemia tenía menos trabajo y, por consiguiente, más tiempo para pensar, por lo que me dio por plantearme determinadas cuestiones. La ausencia de respuestas me ha llevado a estar confusa y deprimida. ¿Qué soy? No encuentro mi sitio, ni en lo humano ni en lo divino. ¿De dónde vengo? ¿De la vida? ¿O sea, que le debo mi existencia a mi antítesis? ¿Adónde voy? Bueno, por lo menos esta última pregunta tiene contestación: en estos momentos me encuentro de camino al Hospital General, a la UCI, para ser más precisos. Está completamente colapsada por el efecto devastador del COVID 19, que se está llevando por delante a centenares de miles de personas a lo largo y ancho del globo terráqueo. Tiene su origen, como la mayoría de los casos, en la imprudencia del ser humano, aunque han contribuido de forma determinante la falta de prevención y la tardía reacción de los gobiernos, que no sé en qué narices estarían pensando, ya que llevo meses avisándoles de la que se avecinaba. Los políticos entre tanto siguen enredados en sus absurdas e ineficaces batallas dialécticas, cada uno haciendo la guerra por su cuenta, y así es muy complicado vencer a un monstruo tan poderoso.

Ahora mismo estoy observando a los médicos y enfermeras corriendo de un lado para otro, sin los medios necesarios, tratando con todas sus energías de frenar la mortandad provocada por el virus, y siento por ellos la más profunda admiración. Es muy duro, incluso para mí, ver cómo los que van a marcharse miran a su alrededor buscando a sus seres queridos y no los encuentran porque permanecen confinados en sus casas sin poder despedirse de ellos siquiera. Dadas las circunstancias, estoy convencida de que con mi nueva imagen por lo menos arrancaré una sonrisa a más de uno, que falta les hace después de tanto sufrimiento. Seré su sorpresa de última hora.

EL VIGILANTE DEL LOUVRE

Mi nombre es Jean Paul Barratier y soy miembro del personal de seguridad del *Département des Peintures* del *Musée du Louvre* de París. Tengo a mi cargo la vigilancia de varias salas, entre ellas la Galería Médicis, a la que acaban de traer temporalmente el retrato de Lisa Gherardini, universalmente conocida como la *Joconde*, proveniente de la Sala de los Estados, actualmente en obras. Trabajo en horario de noche, por lo que el pasado miércoles, al coincidir mi turno con la celebración de la boda de *Monique*, la mayor de mis hijas, mi compañero, Gérard Bonnaire, quien normalmente hace su labor en jornada matinal, se ofreció a cambiármelo por el suyo, gesto por el que le estoy realmente agradecido. «¡Te debo una!», le dije, aunque me temo que habré de esperar a que se recupere para corresponderle como es debido, si bien dudo que el bueno de Gérard se reincorpore a su puesto algún día, tal y como están las cosas. A día de hoy permanece internado bajo vigilancia policial en el pabellón psiquiátrico del *Centre Hospitalier Sainte-Anne* acusado de desórdenes públicos y resistencia a la autoridad tras un episodio de locura temporal transitoria. *¡Logique pure!* ¡Alguien que ha perdido el juicio no se puede encontrar sino a la espera de juicio! Bromas aparte, les voy a contar lo que ocurrió la madrugada del veintitrés al veinticuatro de julio, porque todavía no salgo de mi asombro. El *pauvre homme* declaró ante el comisario de Policía que, haciendo la última de las rondas, al pasar por delante del *portrait de la*

Joconde, ¡esta le guiñó un ojo! Sí, como lo oyen. Pero no termina ahí la historia del muy *menteur*. Por lo visto, también explicó con todo detalle que, en la creencia de que se trataba de un efecto óptico, regresó a su cabina en busca de las gafas de cerca y, ya con ellas puestas, se aproximó de nuevo, esta vez más, a la pintura, arrimando su rostro hasta casi rozar con la nariz el cristal que la protege. Entonces va y dice que la noble florentina, no solo lo hizo de nuevo, sino que en esta ocasión... ¡acompañó su gesto con el lanzamiento, nada más y nada menos, que de un sonoro beso! Parece ser que Gérard se cayó de *cul* de la impresión y salió huyendo del *édifice* atravesando despavorido las puertas de la entrada principal, lo que provocó que saltara el sistema de alarma. Como este se encuentra conectado directamente con la central de Policía, hay que ver el caos que se organizó en pocos minutos en el *arrondissement* uno de la ciudad. Algunos testigos dicen que le vieron trepar como un mono dando voces, hasta encaramarse a la cúspide de la Pirámide de *nuit*, desde donde pedía auxilio al grito de ¡*Elle m'a embrassé*![4], repitiéndolo sin parar hasta que llegaron *les policiers*, los bomberos, una ambulancia, un cura amigo de la familia y un psiquiatra, y entre todos consiguieron bajarlo.

Hay que estar *fou à lier*[5], *ivre* o qué sé yo, para propagar semejante chismorreo. *La Joconde* es una mujer con clase y muy decente. La madrugada del martes al miércoles, como es habitual, estuvimos charlando un buen rato. Un poco de conversación hace que las noches sean menos largas. Recuerdo que me comentó lo harta que estaba de tanto *selfi* de turistas que se amontonaban en torno a ella. También me habló, una vez más, de la vitrina de vidrio antirreflectan-

---

4   ¡Ella me dio un beso!

5   Loco de atar.

te dentro de la que vivía, que, si bien la resguardaba de la humedad y el vandalismo, le resultaba claustrofóbica, y me confesó el agotamiento que sufría por tener que mantener su famoso rictus facial durante tantas horas, día tras día, con la única excepción de los martes, en que gracias a Dios cerraban el museo y podía por fin relajarse. Yo le hablé de la boda de *Monique*, de sus interminables preparativos y de la emoción que suponía para mi mujer y para mí ver a nuestra *Monique* felizmente casada, a pesar de que los padres del novio eran bastante estirados y no congeniábamos mucho con ellos. Entonces me contó que le ocurría algo parecido con sus compañeros de estancia. Me dijo que, si bien se consideraba una mujer sencilla, no era ninguna ignorante y que, en su ubicación actual, los personajes que habitaban las obras con las que compartía espacio representaban episodios cotidianos de la vida de la reina y que, a pesar de ser magnificados por la presencia de dioses mitológicos, eran aburridos y su conversación de lo más mundana. Se encontraba más a gusto cuando estaba expuesta en la Sala de los Estados, echaba de menos su lugar de siempre, en donde los compañeros constituían un público más ameno y heterogéneo. Me habló de lo que se reía con sus amigos de Las bodas de Caná, de la música que interpretaban desde ese cuadro y del resto de pinturas venecianas del siglo XVI que la acompañaban. Además, cuando nos despedimos, estuvo especialmente atenta conmigo, reiterando su enhorabuena por el enlace de *Monique*. No está bien ir por ahí diciendo esas cosas de la *épouse* de Francesco del Giocondo. ¡*Mon dieu*! ¡Que es una mujer casada!

)

IDENTIDAD

La primera vez que vi a mi madre fue el día en que cumplí diez años. Tras desayunar, mi padre me ordenó vestirme porque iba a darme la sorpresa que guardaba en secreto para mí desde el día de mi nacimiento. Caminamos en silencio por el sendero por el que solíamos pasear para llegar al pueblo, aunque en esta ocasión lo hicimos en dirección contraria a la habitual. Anduvimos en silencio hasta llegar a un puente de madera, ennegrecido por la humedad, que se elevaba sobre un riachuelo en cuyos márgenes se amontonaba la basura. Tras cruzarlo, nos adentramos en un frondoso bosque de pinos. Lo atravesamos acelerando levemente el paso, quizás huyendo de las sombras que parecían querer adherirse a nuestra piel, hasta que salimos a un pequeño claro. Nos detuvimos para tomar aliento. Al final de la explanada se adivinaba la presencia de una cabañuela situada al pie de un camino rocoso y escarpado que se perdía zigzagueante en el horizonte. Mi padre abrió la puerta con brusquedad y una vez dentro supe de inmediato que la mujer que permanecía sentada en aquella butaca, envuelta en un intenso haz de luz matinal que entraba por la única ventana de aquella estancia, era mi madre. Descalza, el cabello largo y rojo le caía delicadamente a ambos lados del rostro sobre un camisón blanco que apenas ocultaba una delgadez enfermiza. Inmóvil, su mirada se perdía en las montañas azuladas que, a pesar de la lejanía, parecían encontrarse muy cerca de allí. En una de sus manos parecía esconder un objeto pequeño, algo que apretaba con fuerza tensando los músculos del brazo, en contraste con la languidez generalizada del resto de su cuerpo. Mi primer impulso fue acercarme, tocarla, llamar su atención para que me mirara y comunicarme con ella, pero mi padre lo impidió rodeando mis hombros de niña con sus manos de adulto e impidiendo mi avance. A continuación, me giró como a una peonza, conduciéndome con firme suavidad hacia la salida.

Pasó el tiempo. A pesar de que todo seguía igual, algo muy profundo había cambiado en mi interior desde aquel día. Es difícil de explicar; la inexistencia nebulosa de mi madre, sobre la cual mi padre no había hablado jamás, ya no era tal, sino que se había transformado en una ausencia verídica y transparente.

Mi vida transcurría con aparente normalidad, como la de cualquier otro adolescente, salvo que cada dieciocho de septiembre, con motivo de mi aniversario y siempre en compañía de mi padre, acudía a visitarla. Solía contemplarla desde la distancia, no más de unos minutos, sin que me estuviera permitido aproximarme ni tratar de establecer contacto alguno con su persona. Mientras tanto, ella permanecía con la misma vestimenta, en el mismo lugar y en idéntica posición.

Una noche me despertó el ruido de los truenos y de las gruesas gotas de lluvia precipitándose contra el cristal de la ventana. Sin pensarlo, cogí las llaves del bolsillo del chaquetón de mi padre, colgado en el perchero del recibidor, y me dirigí hacia la cabaña. Bajo un cielo enfadado, corrí sin detenerme por el sendero, convertido en dos surcos paralelos separados por una línea de hierbajos que había crecido entre ellos. Crucé el viejo puente y atravesé el pinar, perseguida de nuevo por las sombras y por el amenazante murmullo del viento entre los árboles. Entré en la casa. Jadeante y empapada por el sudor y el agua, me acerqué a mi madre y, de rodillas frente a ella, observé su rostro con detenimiento. Traté de encontrar algo en su expresión ausente, a la que el reflejo de los relámpagos otorgaba un aspecto fantasmagórico. Entonces, sin mirarme, abrió la mano ofreciéndome una concha diminuta de color caramelo. La tomé con cuidado y, tras acariciarle la cara, retirando uno de sus rizos pelirrojos que le caía sobre la frente hasta tocarle una ceja, regresé de nuevo a casa y dormí un profundo sueño ausente de sueños.

A la mañana siguiente, mi padre me llamó para darme la noticia: mi madre se había marchado. Cuando la tormenta amainara, comenzarían las labores de búsqueda. Abrí el cajoncito del escritorio en el que la noche anterior había guardado la concha que me dio y tomé asiento en la butaca de mi cuarto, frente a la ventana. La acaricié con el dedo pulgar, buscando una respuesta entre sus rugosidades. Apreté mi tesoro con fuerza, tensando los músculos del brazo, y miré por unos instantes hacia las montañas. Me sobresaltó mi reflejo en el espejo del armario; mi delgadez, los pies descalzos, el cabello largo y rojo cayendo a ambos lados de mi rostro sobre el camisón blanco.

EYEBROWS (CEJAS)

Luis estiró los brazos con los puños cerrados, irguió el torso e hizo crujir los huesos de la espalda. Adormilado, permaneció sentado en la cama durante un rato. Se levantó y avanzó tambaleándose hacia la silla sobre la que había engurruñado su ropa la madrugada anterior. Se enfundó los *jeans* y enfiló el pasillo hacia al cuarto de baño. Una vez allí, hizo pis sobre el pis del día anterior, que apestaba a espárragos, y tiró de la cadena. Aún persistía esa molesta náusea que habitaba en su estómago desde que Pilar lo dejó y que despertaba con él cada mañana.

En camiseta y con los pantalones desabrochados, regresó a la *bed* y se tumbó boca abajo, en sentido contrario al habitual, con la cabeza colgando fuera del colchón y los empeines hundidos en la almohada SOS *Snore-less* que seguía utilizando, a pesar de que sus ronquidos ya no molestaban a nadie. La náusea se hizo más profunda y duradera, seguramente consecuencia de la mezcla de alcoholes ingeridos la noche anterior y del presente vacío estomacal, por lo que decidió levantarse de nuevo para desayunar. En la cocina descubrió que no le quedaba café y bebió directamente del tetrabrik un trago largo de leche fría, con el que tragó una pastilla de un gramo de paracetamol. Se colocó un suéter y cogió las zapatillas de deportes del suelo, poniéndose los calcetines que hibernaban en su interior desde hacía varias semanas. Bajaría a desayunar al bar de enfrente. No, al bar de enfrente no; siempre ponían la televisión a todo volumen y sus sienes palpitarían todavía con más violencia. Las doce y veinticinco. Casi mejor, iría to *have lunch*. Demasiado pronto; no tenía cuerpo para apretarse un menú del día. Conectó la enorme Smart TV recién adquirida y zapeó pasando por la programación infantil de los *Saturday Moorning*. El presentador que más tiempo soportó era una rubia de bote con pecas en los mofletes punteadas con rotulador negro, coletas y culo respingón que el cámara evitaba enfocar en la medida de lo posible como acto preventivo de una fantasía sexual prematura en la mente todavía limpia, pero en proceso de degeneración, de los infantes televidentes. Todos los intervinientes adultos del programa, sin excepción, trataban a los niños como si fueran gilipollas. Apagó el aparato. Uso exclusivo del mando a distancia. Él callaba la boca a quien le salía de los cojones: a la animadora infantil objeto de sus ensoñaciones sodomitas, al locutor del telediario –silenciando el sonido robótico de su voz–, al presidente del Gobierno y hasta al mismísimo Clint Eastwood, si es que este osaba clavarle, en *high definition*, sus gélidas pupilas desde el cristal líquido de la pantalla. Los pies encima de la mesa baja y su cigarrito. Sí, fumaba donde quería y olía a tabaco por toda la casa. ¿Y qué? Extrajo el cigarrillo de la cajetilla que descansaba en el sofá. Fuego, fuego, ¿dónde estará el puto mechero? Pilar siempre lo guardaba en la cajita de madera que había sobre la mesita incorporada a la lámpara de pie, pero allí no estaba. Pilar lo guardaba todo en un sitio predeterminado, en su sitio: era una máquina de colocar objetos en «su sitio» y siempre sabía dónde estaba todo. Bien para encontrar las cosas, insoportable cuando te perseguía para que las pusieras en el lugar establecido. Fue a la cocina y giró el mando de uno de los fogones, acercando el encendedor eléctrico. Clic, clic, clic, clic... ¿Qué pasa que esto no enciende? Clic, clic... ¡FLOSSH! Un golpe de fuego consecuencia de la acumulación de gas le abofeteó en la cara con su mano azul. ¡Me cago en la puta de oros! Corrió hacia el espejo del *bath room*, en el que comprobó como parte de su tupé había desaparecido y se había chamuscado casi por completo las cejas. Olía a pollo frito. Se lavó la cara con agua fría y aplicó crema Nivea sobre la piel quemada, justo encima de los ojos. ¡Joder, cómo escuece! Decidió salir a la calle. Bajó el tramo de escaleras que lo separaba del portal y al cruzar este se encontró con dos ancianas vecinas, a las que les sujetó la puerta con la punta de los dedos mientras esperaba su lenta aproximación.

–Buenos días.

–Buenos días, gracias –contestaron las dos a coro.

–No hay de qué.

–Es el que se ha *separao* de su mujer, la del primero, esa chica morenita tan simpática...

–Así va, hecho un desastre. El hombre necesita a la mujer.

–Y, al contrario, Pura, y, al contrario.

–Bueno, pero por lo menos nosotras tenemos el freno de la religión.

¡Qué bien! Sábado por la mañana y no tenía que ir a hacer la compra al mega supermercado del centro comercial, esperar largas colas para pagar entre discusiones de perdoneperoestabayoantes y luego ponerla en el carrito, llevarla al parking, cargar el maletero del coche, devolver el carrito para recuperar la moneda, comerse el atasco de la salida del aparcamiento, llegar a casa y aparcar, tener que descargar de nuevo ingentes cantidades de alimentos y demás productos en oferta 3x2 y trasladar las bolsas hasta el ascensor y desde allí de nuevo hasta casa. Tampoco tenía que ir de compras con Pilar a superficies indominables con música ensordecedora, haciendo de perchero humano en la puerta de los probadores, y menos aún soportar el coñazo de la comida con los suegros y la eterna sobremesa, escuchando con un café doble para no dormirse y cara de interés las pontificaciones emanadas de sus dilatadas experiencias vitales. El suegro, una máquina de emitir gilipolleces en virtud de una complicidad inexistente, y la suegra, invasiva y tocapelotas sin perder ocasión para dejar entrever que su hijita era demasiado buena para alguien como él. Ahora, en cambio, un amplio abanico de alternativas se abría ante sí para pasar su sábado: desayunar, cagar sin silenciador leyendo el Marca en la *tablet* sin límite de tiempo —el baño era su baño—, tomar unas cañas con algún colega, y comer o bien ir directamente a echarse una siestecita después del aperitivo hasta que empezara el partido... Después... marcha; freírse a copas y echarse unas risas con los amigos. Cruzó de acera y entró en el bar, el de la tele extradecibélica a la que nadie prestaba atención.

—Un pincho de tortilla y una cerveza, por favor.

—¡Marchando pincho y cerve! —gritó para sí mismo el *waiter*.

Un hombre decrépito, extremadamente abrigado, devoraba encorvado la costrosa tapa de ensaladilla rusa que le había sido adjudicada con el chato de morapio. Luis se detuvo a observarlo; siempre estaba ahí, colocado como un elemento más del establecimiento: una mesa, una silla, la máquina expendedora de tabaco; bueno, por lo menos esta última decía: «Su tabaco, gracias». El viejo se perdía absorto en un punto indeterminado del espacio; debía de ver algo que solo él era capaz de percibir. ¡Qué mal se lo montaba la *people*! Engulló el pincho de tortilla y apuró la birra. Silenció un eructo contra el cuello del jersey y comenzó a sentirse mejor. Miró de nuevo al *old man*, cómo levantaba el brazo y, sin mediar palabra, el camarero rellenaba su vaso con *red wine* y le ponía un platillo ovalado con un puñado de aceitunas negras. Abonó el importe y, mientras esperaba la vuelta, contempló el televisor flanqueado por sendos bafles, desde el cual el locutor transmitía una tremenda emoción cada vez que los del equipo de azul con medias blancas se asomaban tímidamente a veinte metros del área de los del equipo con vestimenta completamente amarilla.

Salió del local, respiró hondo y retornó a su *small flat*. Pensó en recoger un poco el salón y hacer la cama, pero ¿para qué? Los lunes y los miércoles venía una chica que limpiaba, ordenaba la casa, hacía la compra y preparaba algo de comida. Un lujo necesario, como él lo llamaba y al que Pilar siempre se había opuesto frontalmente con un rotundo «no nos hace falta». Ahora su sueldo era solo para él y de esta forma cundía de lo lindo. Tenía las ideas muy claras de cara al futuro. Se centraría por completo en el trabajo —podía llegar de la oficina a la hora que fuera, que no se iba a encontrar a nadie de morros reprochándole su tardanza—, haría méritos para ir trepando en la empresa, ganaría más y más pasta, se compraría un coche fardón, viajaría por el mundo como el lobo solitario y enigmático que era y, respecto a las mujeres, nada de romances ni compromisos: aplicaría el famoso teorema de las cuatro efes: *film, food, fuck and forget*[6].

Se tumbó boca arriba sobre la cama desecha y cerró los ojos. De súbito surgió la imagen del rostro del viejo del bar. Abotargado por el alcohol, enjuto y agrietado, le escrutaba desde sus pupilas vidriosas con las cejas en carne viva.

+ +⁺

---

6   Cine, cena, tíratela y olvídala.

ME QUIERE

—Buenos días; vengo a poner una denuncia.

—Pero Margarita...

—Apunte, agente: ¡malos tratos, torturas, lesiones, intento de homicidio...!

—Vamos a ver, Margarita, es primavera; ya se sabe, los sentimientos están a flor de piel y...

—¡No me cuente milongas! ¡Mire cómo me han dejado! ¡Quién va a poder apreciar mi belleza a partir de ahora!

—Margarita, por favor... No serás la primera, ni la última a la que le ocurre algo así.

—¡No me ha ocurrido nada! Habla como si una ráfaga de viento huracanado me hubiera arrancado de mi sitio y no ha sido así. ¡Me han hecho algo! ¡He sufrido una agresión terrible!

—Lo sé, Margarita. Vigilamos parques y jardines, y tratamos de evitar la comisión de cualquier conducta incívica que pueda deteriorarlos, pero no podemos controlar todo lo que sucede. No disponemos del personal suficiente como para poner un guardia por cada metro de parterre.

—Siempre la misma respuesta, ¡Y no me llame Margarita! Mi verdadero nombre es *Leucanthemum vulgare*.

—Escúchame, llevas toda la razón, pero has de entender que, durante esta estación, los jóvenes o están atolondrados o tienen las hormonas enloquecidas y hacen muchas tonterías...

—¿Tonterías? ¡Dígame cómo se sentiría si le quitaran un brazo y luego el otro y...! ¡A ver cuándo os enteráis los de tu especie de que deshojarnos no es forma de averiguar si sois o no correspondidos en el amor! Además, lo que se hacía en la antigüedad era bien distinto. Los enamorados escondían un pétalo fresco, ¡uno!, en el bolsillo y si transcurrido el día permanecía en buen estado, era porque la persona amada era la indicada y, en cambio, si se marchitaba, significaba que el amor no había surgido. ¡Pero no nos arrancaban de la tierra y nos descuartizaban!

—Sabes que soy un amante de la floricultura, y siempre os he cuidado a ti y a tus familiares con el máximo cariño, pero tienes que entender que es muy difícil erradicar determinadas conductas.

—¡No me vaya a contestar que es una tradición o una costumbre, porque eso no lo justifica! ¿No les bastaría con contar los pétalos, sin necesidad de destrozarnos, y así llegar a vuestras infundadas conclusiones? Qué mala suerte que no contengamos todas el mismo número de corolas. De ser así, no existiría este juego tan cruel.

—Bueno, tranquilízate.

—¿Que me tranquilice? Si estoy medio muerta, y todo porque un imbécil no se atreve a acercarse a la chica e invitarla a salir. El resto ya se andará...

—Por favor, Margarita, escúchame. ¿Qué te parece si te llevo a casa, descansas un par de días en un vasito de agua con una aspirina disuelta hasta que eches un poco de raíz y luego te replanto en mi jardín, junto a los tulipanes, al ladito de la fuente? Ahí solo entramos mi mujer y yo; vamos, que es imposible que alguien te arranque. Además, ayer me acerqué al vivero y he comprado una tierra excelente: esponjosa, rica en nitrógeno, fósforo, potasio...

—¿De verdad, harías eso por mí?

—Pues claro, boba.

—No sabes cómo te lo agradezco. Comienzo a marchitarme.

LA EXTRAÑA VECINA

Cada mañana, Julián salía del apartamento para ir a la oficina y pasaba por delante de la puerta de la vecina, con cuidado de no pisar el suelo mojado.

«¡Buenos días!», saludaba y ella, sin levantar la mirada de las baldosas sobre las que restregaba con ahínco la fregona, contestaba siempre lo mismo: «¡Hasta cuando sea!». En zapatillas, con el pelo cogido por unos rulos de plástico y una redecilla verde recubriéndolo, y ataviada con una pelotillera bata rosa, repetía cotidianamente la misma ceremonia.

Una tarde, Julián había quedado a cenar con unos amigos. Tras dar una doble vuelta de llave a la cerradura se giró y volvió a toparse con ella en el descansillo, pero esta vez la vio engalanada con un traje largo de seda negro sugerentemente escotado y zapato de tacón alto. De su cuello pendía un collar y llevaba unos pendientes a juego de turmalina. El pelo negro brillaba recién cortado y recogido en un perfecto moño, dejando al descubierto un sensual cuello y unas orejas perfectas. Se había maquillado con una elegancia exquisita y llevaba los labios pintados de un rojo cereza que contrastaba con la cuidada palidez de su piel.

—Cancela tus planes para esta noche —le dijo con seriedad, sin mirarlo, con una voz dulce que no terminaba de solapar un autoritarismo subyacente.

Fue tal la impresión ante semejante transformación que Julián resbaló sobre la baldosa todavía húmeda y se precipitó escaleras abajo en una aparatosa caída.

Despertó dentro de la ambulancia, de camino al hospital. No sentía el cuerpo. El ruido de la sirena, junto con el reflejo de las luces estroboscópicas, azules y rojas, en los cristales, le recordó a una atracción de feria en la que solía montar una y otra vez de niño. La extraña vecina permanecía sentada a su lado. Era la primera vez que se detenía en sus ojos, ya que, a pesar de saludarse todos los días, no se habían mirado a la cara hasta entonces; eran de un azul casi albino y le parecieron de una belleza insondable, aunque carentes de calidez, como dos canicas. Le había tomado las manos entre las suyas, huesudas y anormalmente frías, con las uñas pintadas del mismo color que sus labios.

–Gracias por acompañarme; nunca te había visto tan guapa –balbuceó.

–Solo hago mi trabajo –contestó ella.

ES MALIGNO

—¿Tiene ya los resultados? —Cuando el doctor entró en la habitación del hospital, Marlene se retrepó en el sillón.

—Sí, los tenemos.

—Usted dirá.

—Me temo que no puedo darle buenas noticias, Marlene.

—Le ruego que no se ande con rodeos, doctor.

—No lo haré. El diagnóstico es muy claro: el equipo médico albergaba la duda, la esperanza, mejor dicho, de que fuera al menos parcialmente benigno y poder así reconducirlo de alguna manera, pero no ha sido así. De hecho, no será necesario tomar una muestra y practicar la biopsia porque, tal y como sospechábamos... es maligno en su totalidad —contestó solemne, con voz de presentador de telediario.

—Lo superaré; siempre he sido una mujer fuerte. Soy consciente de que será un proceso difícil, pero no pienso rendirme; nunca lo he hecho.

—Es mi deber advertirle, Marlene, que, si decide seguir adelante, va a ser extremadamente duro, más de lo que pueda llegar a imaginarse. Existe una asociación con amplia experiencia en casos como el suyo. Son profesionales de trayectoria contrastada; educadores, psicólogos y psiquiatras, de total confianza. Le sugiero que hable con ellos antes de seguir adelante.

—Acepto los riesgos de mi decisión, doctor.

—Nadie está preparado para afrontar las dificultades con las que tendrá que vivir de ahora en adelante. Por su propio bien y por el de los demás, le ruego que reconsidere la opción de la eutanasia; en estos casos está usted amparada por la ley; se trata de un procedimiento muy sencillo y no sufrirá en absoluto.

—Le agradezco la sinceridad, doctor, pero por favor, no insista, es mi responsabilidad y sé lo que hago.

—Usted decide, Marlene.

—Es mi hijo, doctor.

—De acuerdo.

—Me gustaría verle, no he podido tenerlo conmigo ni siquiera un instante después de darle a luz.

—Entiéndalo, en estos casos el protocolo obliga al aislamiento inmediato del recién nacido para verificar cuanto antes su condición.

—Lo sé; usted no tiene la culpa de nada.

—Bien, ahora mismo se lo traen. Buenas tardes y... le deseo la mayor de las suertes. La necesitará.

A los pocos minutos, la enfermera depositó en su regazo un recién nacido que, con los ojos aún cerrados, sonreía exhibiendo dos afilados colmillos.

*

EL FLACO

El flaco vive en un molino abandonado. Después de atrancar la puerta, camina sigiloso hacia dos balas de paja que hacen las veces de sofá y me ofrece asiento haciendo una leve reverencia. Él permanece de pie. Observo su gesto taciturno mientras la luz que entra a través del ventanuco alarga la sombra de su ya de por sí gótica figura.

—He decidido reposar por un tiempo, y qué mejor lugar que el vientre mismo del gigante. Refugiado en su entraña, evito así la explosión de su furia. Cierto es que ya no resulta harto peligroso como antaño. Al igual que este humilde servidor, al que la medio perlesía invade las extremidades cual mordedura de víbora. Estamos todos viejos, sí, viejos. A mis años ya no hay que tenerles miedo a las palabras, que todavía es consuelo en las desgracias hallar quien se duela de ellas —proclama.

—Tengo que hablar con usted...

—¡Pues manos a labor; que en la tardanza dicen que suele estar el peligro!

—Tal y como le hemos venido anunciando días atrás, mañana vendrán a recogerle mis compañeros de los servicios sociales. Le he traído ropa limpia y algo de comida para esta noche: arroz con pollo y verduras. Le aguantará caliente un par de horas...

—Conmigo no han de ser de ningún efecto sus fuerzas, ni han de tener valor sus viandas, ni sus palabras han de poder convencerme...

–Por favor, le pido que me atienda. Si no viene mañana conmigo, se personará para desalojarlo la Guardia Civil. Este molino es patrimonio cultural propiedad del ayuntamiento.

–No hay para qué conmigo amenazas, que yo no soy hombre que robo ni mato a nadie: a cada uno mate su ventura, o Dios, que le hizo.

–Alonso, estoy aquí para ayudarle. No hemos encontrado familiares ni conocidos que se puedan hacer cargo de usted y es por ello por lo que se encuentra bajo la tutela de la Comunidad, tal y como resolvió el juez. Es mi responsabilidad llevarlo a un sitio más cómodo y cálido en el que se encuentre atendido. El invierno entrará en cuestión de días y no querríamos que cayera enfermo –intento explicarle.

–Debe saber que la libertad es uno de los más preciosos dones que a los hombres dieron los cielos; con ella no pueden igualarse los tesoros que encierran la tierra y el mar: por la libertad, así como por la honra, se puede y debe aventurar la vida.

–Bien, trate de descansar; vendremos a recogerle a las diez. Hasta mañana, entonces –me despido.

–Yo sé quién soy. Ella me espera, ella pelea en mí y vence en mí…, amigo mío –declama con la mirada perdida en un horizonte imaginario–, y esa es la razón por la que debo buscarla de nuevo… –finaliza a modo de despedida, esbozando una volátil sonrisa.

Cuentan que al amanecer se presentó montado sobre un borrico un hombre bajito y regordete, de pelo corto y moreno, nariz chata y mirada viva. Vestía camisa blanca, pantalón de pana hasta la rodilla, peales de lana y alpargatas. Tras él, atado con una cuerda, le seguía al paso un viejo y escuálido rocín. Cuentan que el flaco salió del molino, ataviado con una vieja armadura, escudo y lanza, y que aquel hombre ensilló al jamelgo y ayudó al flaco a montar. Cuentan que sus cabellos eran de un blanco brillante, como aguamalas, y escapaban del bacín para jugar con la brisa del nuevo día en medio de un rojo amanecer. Cuentan del flaco que estaba loco: iba diciendo por ahí que era inmortal.

EL ÚLTIMO VIAJE

A la memoria de Luisito y Gonzalo

Desperté en un sueño en el que también dormía. La angustia me estremeció alertado por el llanto de un bebé desamparado. Entonces abandoné mi cuerpo para sobrevolar la nada. En cuestión de segundos atravesé el universo, las galaxias y una constelación repleta de estrellas palpitantes, hasta que alcancé el planeta Tierra y me adentré en el continente, el país, la ciudad, en mi barrio. Llegué a los escenarios en los que había consumido la vida. Es curioso porque, a pesar de la velocidad del viaje, en ningún momento sentí contra mi rostro el viento, aunque sí el frío que arrojaba contra mí. Planeé sobre el parque al que comencé a ir después de las clases del instituto y vi a los amigos ya desaparecidos, cómo se tambaleaban y caían contra el suelo deshaciéndose. Contemplé el camino de barro, tachonado de charcos de agua negra, que llevaba a las chabolas en donde se vendía la muerte dosificada. Pude entrever los callejones apestados de orines y excrementos en los que dormí tantas noches como un desecho más, hasta que alcancé el bloque de edificios en el que viví, y me detuve por unos instantes junto a una de sus ventanas. Pude observar a mi madre sentada en la cocina, llorando con la cara escondida entre las manos, y el gesto desesperado de mi padre que permanecía de pie, inmóvil, cerca de ella. Ambos me parecieron muy viejos a pesar de no serlo.

Advertí la sordidez de todos estos lugares a vista de pájaro y finalmente terminé posándome en un descampado infinito atestado de montículos de escombros humeantes y jeringas desechadas. Me acerqué hacia el bebé. Estaba desnudo y tiritaba, hasta que le tomé entre mis brazos estrechándolo contra mi pecho. Dejó de llorar, lo salvé, me salvé y pude cerrar, por fin, los ojos para siempre.

LA MIERDAMORFOSIS

Se desplomó como si le hubieran arrancado el esqueleto de una vez: un excremento de notables dimensiones permanecía en la hierba y la perra vino trotando a olisquearlo.

–¡Quita, Braulia! ¿No ves que es papá? ¡Dios mío, Liborio, dime algo!

–¿Qué quieres que haga? ¡Mírame! ¡Me he convertido en una boñiga!

–¡Virgen del Sagrario! ¿Y ahora qué hacemos? ¡No te muevas, voy a buscar ayuda!

–¡Ni se te ocurra! ¡Se enteraría toda la urbanización! Vendrían unos funcionarios con gafas oscuras, traje y corbata, muy simpáticos ellos, pero luego me trasladarían a un laboratorio y empezarían a experimentar conmigo. Lo he visto en las películas americanas; cuando cogen a un marciano, le clavan agujas, le hacen todo tipo de judiadas y terminan diseccionándolo.

–Pero tú eres un ser humano, Libo.

–¿Quieres llevarme a casa? ¡Y apártame las moscas de los ojos, joder!

Blasa envuelve la deposición en su rebeca y la toma con delicadeza. Trata de evitar que su marido ingiera parte de su propio cuerpo, convertido de súbito en una compacta plasta. Sube con cuidado las escaleritas del jardín y empuja con el hombro la puerta del coqueto bungaló con fachada de ladrillo visto que adquirieron gracias a la indemnización concedida a Liborio por acogerse voluntariamente al plan de prejubilaciones de la empresa. Sitúa a su cónyuge sobre la encimera de la cocina y toma asiento en uno de los taburetes que se esconden bajo el mostradorcito en el que suelen desayunar, comer y cenar para no manchar el salón. Echa la cabeza hacia atrás y apoya la coronilla en el reluciente baldosín de la pared.

—Lo siento, Blasa, siento haberte gritado; perdón, no sabes cómo lo...

—¡Déjalo ya! Hay que pensar algo. Tenía que ocurrirnos esto a nosotros... Lo primero, ponerte en un sitio fresquito para que no te descompongas; luego ya veremos.

—Menos mal que estoy bastante duro, hemos tenido mucha suerte. Podría haber sido peor. Imagínate que me transformo en diarrea, o resulto ser una hez hemorrágica, como las que hacía el tío Canuto; hubiera sido pasto de los insectos.

—Cállate, por Dios bendito; no quiero ni imaginármelo.

—Blasa...

—Dime.

—¿Me puedes retirar la chaquetita?... Es que rasca.

Blasa lo descubre despacio y acaricia el invertebrado organismo con la delicadeza suficiente como para no desfigurarlo.

—Tranquilo, Libo; dentro de lo malo ha pasado lo mejor —dice cariñosamente, mirando con ternura lo único que permanece de él; esos ojos negros que parpadean semihundidos en una informe masa fecal.

II

—Francamente, a día de hoy y a pesar de mi vasta experiencia en el mundo de la neuropsiquiatría y el psicoanálisis, desconocía la existencia de precedentes clínicos de trastorno psicosomático tan sumamente acusados. Había presenciado casos de alteraciones psicológicas que contribuyen a la iniciación o a la exacerbación de un estado físico, pero no de forma tan aguda. Nos encontramos ante un caso de escape fantasmático consecuencia de una ausencia absoluta de tolerancia a la frustración. El suyo es el típico proceso que, de haberse dado, probablemente haya sido ocultado por su propia idiosincrasia con el fin de evitar alarma social. Ha sido usted muy valiente al venir aquí.

–Fue idea de mi mujer. Yo lo único que quiero es ponerme bien.

–Lo intentaremos. No obstante, es mi obligación advertirle que será un proceso lento, y a menudo desagradable. Se trata, aunque la expresión sea un tanto burda, de poner las tripas encima de la mesa. Además, a partir de cierta edad, no siempre es recomendable iniciar una terapia –afirma, dando una última e intensa calada sin retirar la mirada de las pupilas de Liborio.

–Haré lo que sea con tal de volver a ser yo. Sin embargo, tengo que confesarle algo.

–Le escucho.

–Hay momentos en los que, a pesar de mi estado, me siento... no me atrevería a afirmar que cómodo, pero sí... hasta cierto punto protegido.

–Explíquese.

–Creo que ya no puedo ser más despreciado ni rechazado porque soy el rechazo y el desprecio en sí mismo. Vamos, que no me puede mandar nadie a la mierda porque ya estoy en ella.

–Uno siempre obtiene alguna ventaja del rol que desempeña, hasta del más penoso. Por ello debe decidir si realmente quiere volver a ser usted mismo, no aquel que le llevó a lo que es a día de hoy, sino el Liborio de antes de encontrarse tan mal como para transformarse en una deposición, o si prefiere permanecer en su estado actual. No contemplo estados intermedios. Es su decisión y, sea la que sea, es plenamente respetable.

—Ahí es a donde me gustaría volver, al Liborio de antes de...

—Para ello debe sustituir ese silencio tan elocuente con el que ha terminado la frase por palabras, y soltar, soltar lo que le quema, lo que duele dentro de usted. ¿Está dispuesto a ello?

—Sí, sé que me va a costar mucho, pero creo que debo hacerlo.

—Olvide el concepto de deber; hágalo solamente si es su deseo. Y yo le pregunto: ¿lo es?

—Sí, es mi deseo.

—Bien, es muy importante que lo tenga claro —estruja la colilla en el cenicero. Las volutas de humo levitan enfocadas por el grueso y rectilíneo haz de luz que vincula el flexo con su bloc de notas, cercenando la penumbra de la consulta.

—Estoy dispuesto a lo que haga falta —reitera Liborio, expeliendo una pequeña partícula excrementicia que impacta en los cristales de las gafas del psiquiatra—. Perdone, no puedo evitarlo; es que cuando estoy cansado, al pronunciar la «p» me salen perdigones. —Cuatro corpúsculos más son puestos en órbita, aterrizando en el rostro del doctor.

—No se preocupe... —extrae un pañuelo del bolsillo y se lo pasa por la frente y parte de la calva— ...Son ciento cincuenta euros la primera sesión y cien euros las sucesivas. Si está de acuerdo, quedamos entonces para el martes de la semana que viene, a la misma hora.

—De acuerdo. ¿Puedo hacerle una pregunta?

—Adelante.

—¿Cómo puede usted vivir permanentemente en un por qué? Es decir, vive usted en una eterna pregunta y eso debe resultar muy angustioso. —El doctor Rupp permanece callado y confuso durante unos segundos, sin saber qué contestar.

—Mejor será que sea yo el que haga las preguntas, si no le importa. Recuerde que estamos aquí para hablar de usted y no de mí.

—Discúlpeme, tiene toda la razón. Por cierto... ¿sería usted tan amable de hacerme un pequeñísimo favor?

—Depende de lo que se trate, dígame.

—¿Podría encender un pitillo y darme un par de tiritos? No sabe cuánto echo de menos el tabaco Y, se lo ruego, no le diga nada a mi mujer.

—No tema.

El doctor Rupp deposita con delicadeza la boquilla del cigarro en la apertura que hace las veces de boca y le da lumbre. A la primera inhalación, Liborio responde con una violenta tos que salpica de mierda las paredes, alunarando el cristal protector de los títulos y diplomas que observan impertérritos la fétida erupción.

El doctor Rupp despide al matrimonio entre disculpas y comprensiones, y cierra la puerta de la consulta. Una extraña e inexplicable sensación de familiaridad con aquel truño parlante no termina de abandonarlo. Baja de dos en dos los escalones que desembocan en el garaje y hace acopio de todo tipo de productos de limpieza y desinfectantes. Friega frenéticamente hasta el último centímetro de la casa, incluso aquellas estancias en las que no ha estado Liborio, y no cesa en su actividad hasta altas horas de la madrugada. Cuando finaliza, un sudor frío empapa su nuca y espalda, le tiemblan las manos y siente cómo el corazón bombea con tal fuerza que podría romperle el esternón. El cuello de la botella de ron añejo tintinea contra el borde del vaso, vertiendo el líquido color miel que le ayudará a tragar un puñado de pastillas. Respira con profundidad y se echa en el diván desde el que sus pacientes confían a su fría y sagaz capacidad analítica el esclarecimiento de los más oscuros rincones de sus personalidades.

—¡Súper doctorcito relaaax, súper doctorcito relaaax, papaaa, mi papiiiiiito! —vocea, adoptando la posición fetal, al mismo tiempo que succiona sonoramente el dedo pulgar, introducido por completo en su boca hasta quedar profundamente dormido.

III

—Vamos, Libo, un último esfuerzo y lo dejamos.

—No puedo, no puedo más...

—Sí puedes. Dijo el médico que con voluntad y constancia podrías llegar a reptar y desplazarte solo por la casa. Serías más autónomo y te sentirías mejor contigo mismo. Además, hoy has conseguido dormir por la noche gracias al pañalito, y además parece que Braulia ya no te ladra.

—Ya ves tú, menudo avance.

—Algo es algo. Imagínate que un día me quedo dormida y te pegas a la tarima. Ya sabes lo peligroso que resultaría.

—A veces pienso que sería la solución. Mírame... estoy hecho una mierda; no tengo ningún futuro y estoy arruinando tu vida.

—Mantente entero, Libo, no decaigas. Te quiero mucho, Libo, y te necesito.

—No te merezco.

—Créeme, yo soy la que nunca te he merecido. —Blasa aproxima sus labios al orificio infecto que conforma la boca de Liborio y se besan largamente. Tras una pequeña arcada que disimula con éxito, comienza a desabrocharse la blusa. Baja la cremallera de la falda y la deja caer al suelo. En ropa interior frente a él, muestra los pliegues fláccidos y blanquecinos de sus carnes, que en su día fueron curvas prietas envueltas en una tersa y morena piel.

—Sigues siendo preciosa —afirma Liborio, soltando un perdigón que se adhiere a la florecilla que separa las cazuelas del sostén de Blasa.

—Soy lo que soy. —Se quita el sujetador y baja las bragas, que se enrollan en los tobillos hasta que se desprende de ellas con la ayuda de los pies. Coge a Libo y lo traslada al dormitorio. Se introducen en la cama, se aman como cuando se amaron y ella lo estrecha entre lágrimas, deshaciéndolo de un abrazo contra su cuerpo.

Cuando Blasa despierta, han debido de transcurrir varias horas. Las sábanas están manchadas. Hace un gurruño con ellas y las lleva hasta la cocina, introduciéndolas en el tambor de la lavadora. Cierra la portezuela y pone detergente y suavizante en los compartimentos indicados. Pulsa el botón del programa de mayor duración a la mayor temperatura posible. Camina descalza hasta el cuarto de baño y entra en la ducha abriendo los dos grifos al máximo. Se coloca debajo del chorro y observa cómo los últimos restos mortales de Liborio se pierden por el desagüe, arrastrados por el agua en vertiginosos remolinos.

IV

—Quería darte la noticia en persona.

—Te lo agradezco. ¿Quieres un piti?

—No, gracias. Sabes que ya no fumo.

—...ni bebes, ni vas con hombres...

—No creo que sea el momento.

—Perdona. ¿Sabes...? —El doctor Rupp enciende un cigarrillo, colocando el mechero encima de la cajetilla de tabaco— ...tu marido me pidió que no revelara que fumaba durante las sesiones.

—No lo hubiera descubierto nunca. El pobre hedía de tal forma que era imposible percibir otro olor que no fuera el suyo.

—Nunca le hablaste de mí.

—No; no habría podido asimilar que le hubiera engañado con Arnulfo, pero menos aún que hubiera tenido un hijo con él. Siempre creyó, o quiso creer, no lo sé, que yo era un ser puro, incapaz de traicionarlo, y menos aún con su amigo del alma. Te agradezco que guardaras el secreto.

—Lo que no entiendo es por qué te dirigiste a mí, especialmente a mí, con la cantidad de buenos profesionales que hay.

—Simplemente eras el más indicado, y pensé que, al menos durante el tratamiento, la relación con Liborio podría cubrir la ausencia de padre que siempre has padecido.

—No comprendo: ¿qué tiene que ver mi padre en este asunto? —Un pesado silencio invade la atmósfera de la habitación—. ¿Qué es lo que pasa?

—Nada, olvídalo. Tengo que marcharme ya, debe de ser tardísimo...

—¿Te encuentras bien?

—¿Yo? Perfectamente.

—Dime qué ocurre.

—Nada, nada, ¿por qué siempre tiene que ocurrir algo?

—A ti te pasa algo. Te conozco muy bien. Dímelo.

—Deja que me vaya, por favor.

—Cuando me digas qué es lo que está sucediendo.

—No puedo afirmarlo con toda seguridad... —Carraspea.

—¿El qué? ¿Qué intentas decirme?

—No sé... no sé si Liborio era tu padre.

—¿De qué hablas? ¿Estás de coña?

—No, me temo que no estoy bromeando. Esa noche... la última que estuve con Arnulfo, llevaba unas copas de más, llegué a casa y me metí en la cama, Libo estaba despierto, comenzamos a besarnos...

–¿Qué pretendes hacerme saber? ¿Qué Liborio podría haber sido mi padre? ¿Que he podido conocerle y compartir mi vida con él y que tú, mi propia madre, me has privado de ello?

–¡Dime cómo explicarle que probablemente tuvimos un hijo! Nunca he sabido a ciencia cierta quién era tu padre, si Arnulfo o Liborio. Él nunca supo que había estado con Arnulfo y jamás pude imaginarme que al cabo de tantos años volveríamos encontrarnos de nuevo y...

–¡Dios! ¿Cómo has sido capaz? ¡He pasado la mayor parte de mi vida con una familia extraña teniendo una propia y pensando que mi padre, Arnulfo, te abandonó antes de que yo naciera!

–No es seguro que Liborio sea tu padre.

–¡Pero había probabilidades! ¡Él pudo ser quien me concibió esa noche! ¡Una simple prueba de paternidad hubiera bastado para saberlo y mi vida podría haber sido otra!

–No podía arriesgarme. Solo con plantearle la cuestión a Liborio, mi matrimonio se hubiera venido abajo de nuevo. Nunca te lo he dicho, pero tienes sus ojos.

–¡Déjate de peroratas nostálgicas! ¡He podido tener una auténtica familia y un padre!

–Lo has tenido, hijo, durante los casi cuatro años que ha durado el psicoanálisis. Gracias a tu apoyo sobrevivió esperanzado todo este tiempo. Has hecho una labor maravillosa. Lo siento; es lo único que he podido darte de él.

–No sé si te has percatado de un pequeño detalle. Yo no he estado con mi padre, sino con un paciente. Un recomendado de mi madre biológica que se convirtió en un excremento como reacción psicoorgánica a una depresión cumulativa consecuencia del conocimiento de un secreto tan doloroso como saber que había sido engañado con su mejor amigo por la persona a la que más amaba en esta vida.

—¡Eso no es cierto! ¡Él nunca supo de lo mío con Arnulfo!

—Lo sabía, mamá. Lo sabía. A los pocos días de separaros, quedó con Arnulfo y este no pudo soportar más semejante falsedad y le confesó que había estado acostándose contigo, que te dejó embarazada, o al menos él creía que así había sido, y que por eso se largaba... porque no quería cargar conmigo. Y tuvo escondida en su interior esa información día sí y día también, y ese dolor tan devastador es el que provocó su transformación en una...

—¡Eso es mentira; Arnulfo juró que nunca se lo diría...!

—Liborio sufrió de tal manera durante los veinte años que duró su relación contigo y se sintió tan carcomido y herido por la realidad de tu pasado que se convirtió en una mierda. Te quería de tal manera que su miedo a perderte de nuevo le incapacitó para reprocharte tu miserable engaño.

—¡Mientes! ¡Estás mintiendo!

—Es la verdad.

—¡Cállate, cállate de una vez!

—No pienso callarme. ¿Quién eres tú para ordenarme silencio?

—Soy tu madre.

—Para presumir de título hay que ejercer como tal.

—Hice lo más beneficioso para ti: te di en adopción a una familia en la que nunca te faltaría de nada.

—Sí, fue maravilloso. Tuve absolutamente de todo, menos a mi padre y a mi madre de verdad, mientras a ti solo te preocupaba reconstruir tu nidito de amor en un árbol con las ramas podridas.

—¡Eres un desagradecido hijo de...!

—¡Sí, dilo mamá, dilo, hijo de puta, de la grandísima puta que destrozó a su esposo hasta el punto de transformarlo en un mojón, y a su hijo, privándole de un padre y de una madre de verdad! ¡Maldito el día en el que decidí buscarte y maldito el día en el que te encontré! ¡Vete de aquí! ¡Fuera!

—Hijo, yo...

—¡Largo! ¡No quiero volver a verte nunca más!

Blasa camina cabizbaja, evita pisar una cagarruta de perro y recuerda que tiene que volver a casa para sacar a pasear a Braulia. Mientras, el doctor Rupp solloza sentado en su mesa de caoba con las piernas colgando y sin dejar de gemir: «Papá, papi, mi papito, mi mierda...».

INVENTARIO FINAL

Sin un orden concreto:

Mis libros.

El olor que desprende la cabeza de un bebé.

La perfecta imprecisión del atardecer.

La simulación de libertad de una cometa.

La sonrisa desdentada del anciano.

La contemplación de un paisaje por primera vez.

La presencia del olmo.

Chocolate.

La indomabilidad de la incertidumbre.

El placer de meterse en la cama con sábanas limpias.

La evidencia de la soledad propia.

La imprevisibilidad de la memoria.

La atracción del abismo.

La expresión de un niño abriendo un regalo.

Caminar sin destino, desprovistos de reloj y teléfono móvil.

El descaro de una erección.

El camarote de los hermanos Marx.

Las manos del mendigo.

¿Dios?

Perderse en la observación de las sombras de la luna.

La violencia del embate de la ola contra la roca.

Aquello que te inunda cuando cierras los ojos durante un abrazo.

Flores (siempre unidas a la tierra).

No poder vivir sin ti, pero fantasear imaginando cómo resultaría.

El movimiento gestual de las nubes.

Lluvia.

Sol.

Conducir por carreteras secundarias.

Lo que pasa cuando no pasa nada.

La indiscreción de los zapatos en relación con sus dueños.

La heroicidad inmanente a la superación de los miedos cotidianos.

Mozart y AC/DC

El calambrillo.

El mar, la mar.

El secreto como posesión que nos hace sentir diferentes.

Acariciar a un perro.

Observar a un felino.

El universo o Jorge Luis Borges.

La guitarra.

Llorar, deshacerme al fin.

Un poco más de chocolate.

Un día después de otro día.

Momentos felices de la infancia (todos, sin excepción).

Tu mirada, que ahora mismo recorre esta línea de texto y que otorga voz interior (tu voz) a cada letra, a cada palabra.

LAS ÚLTIMAS CIEN PALABRAS DE ESTE LIBRO

Se había quedado dormido, pero no por mucho tiempo, ya que la taza de té permanecía humeante sobre la mesa. Tras desperezarse, la rodeó con ambas manos tratando de cobijar el calor. Llevaba horas pensando sin que se le ocurriera algo adecuado para finalizar el libro. Sintió sus pasos, la tarima crujiendo bajo los pies descalzos, aproximándose.

–¿Te queda mucho? –preguntó Nuria en voz baja.

–No lo sé. Hay algo que quiere ser escrito, pero no termina de salir.

Ella posó un beso en sus labios, como una mariposa perdida, y entonces brotaron las últimas cien palabras de este libro.